LA GUIDA ESSENZIALE ALLA CUCINA DEL SALMONE

90 RICETTE DI SALMONE ALLA GRIGLIA, AL FORNO, IN CAMICIA E FRITTO

Luisa Ferrari

Tutti i diritti riservati.

Disclaimer

Le informazioni contenute in questo eBook intendono fungere da raccolta completa di strategie su cui l'autore di questo eBook ha svolto ricerche. Riepiloghi, strategie, suggerimenti e trucchi sono consigliati solo dall'autore e la lettura di questo eBook non garantisce che i risultati rispecchino esattamente quelli dell'autore. L'autore dell'eBook ha compiuto ogni ragionevole sforzo per fornire informazioni aggiornate e accurate ai lettori dell'eBook. L'autore e i suoi collaboratori non saranno ritenuti responsabili per eventuali errori o omissioni involontarie eventualmente riscontrate. Il materiale contenuto nell'eBook può includere informazioni di terze parti. I materiali di terze parti comprendono opinioni espresse dai rispettivi proprietari. Pertanto, l'autore dell'eBook non si assume alcuna responsabilità per materiale o opinioni di terzi.

L'eBook è protetto da copyright © 2023 con tutti i diritti riservati. È illegale ridistribuire, copiare o creare opere derivate da questo eBook in tutto o in parte. Nessuna parte di questo rapporto può essere riprodotta o ritrasmessa in qualsiasi forma riprodotta o ritrasmessa senza il consenso scritto, espresso e firmato da parte dell'autore.

SOMMARIO

SOMMARIO 3
INTRODUZIONE 6
1. Ciotola di salmone giapponese 7
2. Teriyaki fantasia giapponese 9
3. Onigiri 11
4. Bocconcini di salmone e cetriolo giapponesi 13
5. Ciotole di ramen Teriyaki 15
6. Pranzo Insalata Di Salmone 18
7. Salmone al pesto 20
8. Salmone affumicato e crema di formaggio su pane tostato 23
9. Salmone affumicato e crema di formaggio su pane tostato 25
10. Salmone su pane tostato con uovo in camicia 27
11. Wrap per la colazione con salmone e uova 30
12. Bocconcini di salmone cremoso con patate 32
13. Salsa al salmone affumicato 34
14. Snack con tartine al salmone affumicato 36
15. Crocchette di salmone al forno 38
16. Pacchetti di salmone al forno 40
17. Antipasto di fagioli neri e salmone 42
18. Involtini di salmone 44
19. Salmone al forno magico 46
20. Salmone con melograno e quinoa 48
21. Salmone al forno e patate dolci 50
22. Salmone al forno con salsa di fagioli neri 53
23. Salmone grigliato alla paprika con spinaci 55
24. Teriyaki di salmone con verdure 57
25. Salmone in stile asiatico con noodles 60
26. Salmone in camicia in brodo di pomodoro e aglio 62
27. Salmone in camicia 65
28. Salmone in camicia con salsa alle erbe verdi 67
29. Salmone in camicia con riso appiccicoso 69
30. Filetto di salmone agli agrumi 72
31. Lasagne al salmone 74
32. Filetti di salmone Teriyaki 77
33. Salmone dalla pelle croccante con salsa ai capperi 79
34. Filetto Di Salmone Con Caviale 81

35. Tranci di salmone alla griglia con acciughe 84
36. Salmone alla griglia con affumicatura al barbecue 86
37. Salmone grigliato al carbone e fagioli neri 88
38. Salmone dell'Alaska grigliato con petardi 91
39. Salmone alla griglia 93
40. Pasta al salmone e nero di seppia grigliato 95
41. Salmone con cipolle grigliate 97
42. Salmone con tavola di cedro 100
43. Salmone affumicato all'aglio 102
44. Salmone Grigliato con Pesche Fresche 104
55. Insalata di salmone grigliato allo zenzero 106
56. Salmone alla griglia con insalata di finocchi 109
57. Salmone alla griglia con patate e crescione 111
58. Salmone vina olki 114
59. Spiedini di salmone e funghi porcini 116
60. Salmone Selvatico Alla Griglia 118
61. Bistecche di salmone allo sciroppo d'acero 120
62. Zuppa di salmone e mais 122
63. Salmone stagionato all'aneto 124
64. Salmone atlantico fresco saltato 127
65. Salmone alla griglia con pancetta 129
66. Brodo piccante di cocco con salmone 131
67. Chinook del fiume Columbia 133
68. Salmone e verdure al forno 135
69. Salmone glassato alla soia e miele 137
70. Zuppa piccante di salmone e noodles 139
71. Salmone in camicia con salsa alle erbe verdi 141
72. Salmone glassato alla senape e miele 143
73. Salmone al rafano 145
74. Insalata tiepida di salmone e patate 147
75. Salmone in una pentola con riso e piselli spezzati 149
76. Salmone alla griglia all'aglio con pomodori e cipolle 151
77. Salmone al forno con salsa di fagioli neri 153
78. Tortini di pesce al salmone con riso vegetale 155
79. Salmone allo zenzero e soia 158
80. Salmone con salsa di cocco e peperoncino 160
81. Salmone grigliato alla paprika con spinaci 162
82. Teriyaki di salmone con verdure 164

83. SALMONE GRIGLIATO CON PESCHE FRESCHE 167
84. SALMONE CON PESTO CREMOSO 169
85. INSALATA DI SALMONE E AVOCADO.. 171
86. ZUPPA DI VERDURE AL SALMONE 173
87. PASTA CREMOSA AL SALMONE AFFUMICATO 175
88. SALMONE ANNERITO CON RISO DI VERDURE MISTE................................... 177
89. SALMONE ALLO ZENZERO CON SALSA DI MELONE 180
90. SALMONE IN STILE ASIATICO CON NOODLES.. 182
91. RISO AL LIMONE CON SALMONE IN PADELLA 184
92. INSALATA DI PASTA CON SALMONE DELL'ALASKA E AVOCADO................... 187
93. PANINO CON INSALATA DI SALMONE DELL'ALASKA 189
94. INSALATA DI SALMONE AFFUMICATO, CETRIOLI E PASTA............................ 191
95. SALMONE CARAMELLATO SU INSALATA TIEPIDA DI PATATE 193
96. INSALATA DI SALMONE CONGELATO.. 195
97. INSALATA FRESCA PER GLI AMANTI DEL SALMONE 197
98. INSALATA DI SALMONE ALL'ANETO... 199
99. SALMONE ALLE ERBE CROCCANTI E INSALATA ORIENTALE 202
100. INSALATA DI SALMONE DELL'ISOLA 204

CONCLUSIONE 206

INTRODUZIONE

Il salmone è un pesce azzurro tipicamente classificato in base all'oceano in cui si trova. Nel Pacifico sono considerati parte del genere Oncorhynchus e nell'Atlantico appartengono al genere Salmo. Esiste una sola specie migratrice dell'Atlantico, ma esistono cinque specie di salmone del Pacifico: Chinook (o re), sockeye (o rosso), coho (o argento), rosa e chum.

La vitamina B12 contenuta nel salmone mantiene attive le cellule del sangue e dei nervi e aiuta a produrre il DNA. Ma per la tua salute, la vera bellezza del salmone è la sua ricchezza di acidi grassi omega-3. La maggior parte degli omega-3 sono acidi grassi "essenziali". Il tuo corpo non può produrli, ma svolgono un ruolo fondamentale nel tuo corpo.

1. <u>**Ciotola di salmone giapponese**</u>

Porzione: 4

ingredienti:
- Salsa di peperoncino, un cucchiaino
- Salsa di soia, un cucchiaino
- Riso, due tazze
- Olio di sesamo, un cucchiaio
- Zenzero, due cucchiai
- Sale e pepe a piacere
- Semi di sesamo, un cucchiaino
- Aceto, un cucchiaino
- Nori sminuzzato, come richiesto
- Salmone, mezza libbra
- Cavolo tritato, una tazza

Indicazioni:

a) Mettete il riso, tre tazze d'acqua e mezzo cucchiaino di sale in una pentola capiente, portate a ebollizione e fate cuocere per quindici minuti o fino a quando l'acqua non sarà stata assorbita.

b) Mettete in una ciotola l'aceto, la salsa di soia, la salsa al peperoncino, l'olio di sesamo, i semi di sesamo e lo zenzero e mescolate bene.

c) Aggiungete il salmone e mescolate delicatamente fino a ricoprirlo completamente.

d) Mettete il cavolo tagliato a pezzetti e l'olio di sesamo in una ciotola e mescolate fino ad ottenere un composto ben amalgamato.

e) Mettete in ogni ciotola un cucchiaio abbondante di riso, aggiungete il cavolo e spremetelo sopra la maionese.

2. Teriyaki fantasia giapponese

ingredienti
- 2 libbre di salmone
- 3 cucchiai di cipolle verdi tritate
- 2 cucchiai di semi di sesamo bianchi e neri
- ½ bicchiere di olio extra vergine di oliva
- Salsa teriyaki
- 4 cucchiai di salsa di soia
- 1 tazza di mirin
- 2 tazze e ½. Zucchero

Indicazioni

a) Preparare la salsa teriyaki aggiungendo tutti gli ingredienti della sua voce in una casseruola e cuocerla a fuoco basso finché non si addensa. Togliere dal fuoco e impostarlo per il raffreddamento

b) Versare un po' d'olio in una padella antiaderente e adagiarvi il salmone. coprire la padella e cuocere il salmone a fuoco moderato fino a doratura uniforme.

c) Disporre su un piatto da portata e irrorare sopra la salsa teriyaki

d) E guarnire con semi di sesamo bianco e cipolle verdi tritate

3. Onigiri

Porzione: 3

ingredienti:
- Foglio Nori, come richiesto
- Umeboshi, uno
- Salsa di soia, mezzo cucchiaino
- Mirin, mezzo cucchiaino
- Tonno, una tazza
- Maionese giapponese, due cucchiai
- Salmone salato, un pezzo
- Riso cotto, due tazze

Indicazioni:

a) Cuoci il riso secondo il tuo cuociriso o se non hai un cuociriso, segui le indicazioni qui.

b) Trasferisci il riso cotto in una ciotola separata per raffreddarlo.

c) Preparate tutti i ripieni che utilizzerete e metteteli da parte.

d) Preparare un foglio di alghe.

e) Metti la pellicola trasparente sopra una ciotola di riso.

f) Metti una parte del riso cotto al centro della pellicola trasparente.

g) Metti circa 1 cucchiaino di umeboshi al centro del riso, quindi copri con il riso attorno.

h) Avvolgete la pellicola trasparente sul riso e strizzatelo e modellatelo a forma di triangolo con le mani.

i) Togliere la pellicola trasparente e coprire il fondo del triangolo di riso con un foglio di nori.

j) Il vostro piatto è pronto per essere servito.

4. <u>**Bocconcini di salmone e cetriolo giapponesi**</u>

ingredienti
- 1 cetriolo. Affettato audacemente
- Filetto di salmone da mezzo chilo
- 1 cucchiaino e $\frac{1}{4}$ di salsa di soia
- 2 cucchiai di scalogno. Macinato finemente
- 1 cucchiaino di mirin
- 1 Ichimi togarashi (peperoncino giapponese)
- 1 cucchiaino di olio di sesamo
- $\frac{1}{2}$ cucchiaino di semi di sesamo nero

Indicazioni
a) In una piccola ciotola, unisci il salmone, la salsa di soia, gli scalogni, l'olio di sesamo e il mirin.

b) Disporre le fette di cetriolo su un piatto da portata, mettere sopra una pallina di salmone e irrorare lo scalogno rimanente e i semi di sesamo

5. Ciotole per ramen Teriyaki

Porzioni: 6

ingredienti
- Filetti di salmone da 1 1/2 libbra, sale spellato e disossato e pepe nero
- 5 cucchiai di marinata teriyaki
- olio vegetale, per strofinare
- 2 cucchiai di aceto di vino rosso
- 1/4 C. salsa di peperoncino dolce
- 6 cucchiai di salsa di pesce asiatica
- 3 cucchiai di zenzero fresco, grattugiato
- 1 libbra di spaghetti di soba
- 1 cucchiaio di brodo granulare istantaneo
- 1/2 C. scalogno, affettato sottilmente
- 1 1/2 tazza di spinaci
- 1 cucchiaio di semi di sesamo, tostati

Indicazioni
a) Cospargere un po' di sale e pepe sui filetti di salmone.
b) Prendi un sacchetto grande con chiusura a zip: unisci i filetti di salmone con la marinata teriyaki. Sigillare il sacchetto e agitarlo per ricoprirlo. Per preparare la salsa al peperoncino:
c) Prendi una piccola ciotola: mescola l'aceto, la salsa di peperoncino, la salsa di pesce e lo zenzero. Mettilo da parte.
d) Preparare le tagliatelle secondo le indicazioni sulla confezione senza la confezione di condimento.
e) Togliere i filetti di salmone dalla marinata e ungerli con un filo d'olio.
f) Metti una padella grande a fuoco medio e scaldala. Cuocere il filetto di salmone per 3-4 minuti su ciascun lato.
g) Aggiungi metà della marinata di salmone nella padella e ricoprili con essa.
h) Mettili da parte a riposare per 6 minuti.

i) Tagliate il salmone a tocchetti poi unitevi gli spinaci con un pizzico di sale e pepe. Cuocerli per 2 o 3 minuti.

j) Metti una pentola grande a fuoco medio. Cuocere 6 C. di acqua fino a quando iniziano a bollire. Aggiungere ad esso il brodo in polvere e i pezzi di scalogno bianco.

k) Abbassate la fiamma e mettete da parte la pentola per preparare il brodo.

l) Scolare le tagliatelle e metterle nelle ciotole da portata. Versarvi sopra il brodo caldo e poi ricoprirla con i filetti di salmone. Godere.

6. Pranzo Insalata Di Salmone

Porzioni: 3

Ingredienti:
- 1 tazza di salmone in scatola, in scaglie
- 1 cucchiaio di succo di limone
- 3 cucchiai di yogurt senza grassi
- 2 cucchiai di peperone rosso, tritato
- 1 cucchiaino di capperi, scolati e tritati
- 1 cucchiaio di cipolla rossa, tritata
- 1 cucchiaino di aneto, tritato
- Un pizzico di pepe nero
- 3 fette di pane integrale

Indicazioni:
a) In una ciotola, unire il salmone con il succo di limone, lo yogurt, il peperone, i capperi, la cipolla, l'aneto e il pepe nero e mescolare bene.
b) Spalmatelo su ogni fetta di pane e servitelo per il pranzo.

7. Salmone al pesto

Resa: 4 porzioni

ingredienti
- 4 filetti di salmone senza pelle (3 once).
- 1 mazzetto di asparagi, estremità tagliate
- 2 cucchiaini di olio d'oliva
- 1/2 cucchiaino di pepe nero, diviso
- 4 cucchiaini di succo di limone fresco, diviso
- 1 litro di pomodorini, tagliati a metà

PESTO
- 1/2 tazza di foglie di basilico fresco confezionate
- 1 cucchiaino di semi di girasole decorticati crudi
- 1 cucchiaio di parmigiano grattugiato
- 1 spicchio d'aglio, tritato
- 1/16 di cucchiaino di sale
- 1/16 cucchiaino di pepe nero
- 2 cucchiai di olio d'oliva

Indicazioni:

a) Preriscaldare il forno a 400 gradi Fahrenheit. 4 strisce di foglio di alluminio da 14 pollici

b) Prepara il pesto. Unisci basilico, semi di girasole, parmigiano, aglio, sale e 1/16 di cucchiaino di pepe in un robot da cucina.

c) Frullare finché tutti gli ingredienti non saranno incorporati e il basilico sarà tritato grossolanamente. Irrorare 2 cucchiai di olio d'oliva nel composto mentre il robot da cucina lavora fino a ottenere una salsa liscia.

d) Aggiungere 2 cucchiaini di olio d'oliva e 1/4 di cucchiaino di pepe agli asparagi e mescolare bene. Condire il salmone su entrambi i lati con il restante 1/4 di cucchiaino di pepe.

e) Disporre un quarto degli asparagi su un foglio di alluminio. 1 filetto di salmone sopra. Irrorare il pesce con 1 cucchiaino di succo di limone e spalmare sopra 1 cucchiaio di pesto.

f) Completare il salmone con 1/4 di tazza di pomodori tagliati a metà. Avvolgi la pellicola attorno ai lati, arrotola e piega i bordi e lascia uno spazio d'aria nella parte superiore del pacchetto.

g) Ripetere l'operazione con gli ingredienti rimanenti per ottenere un totale di quattro pacchetti di salmone.

h) Disporre uno accanto all'altro sulla teglia e cuocere per 15-18 minuti, o fino a quando il salmone sarà cotto. Godere!

8. Salmone affumicato e crema di formaggio su pane tostato

Ingredienti:
- 8 fette di baguette francese o pane di segale
- ½ tazza di crema di formaggio ammorbidita
- 2 cucchiai di cipolla bianca, affettata sottilmente
- 1 tazza di salmone affumicato, affettato
- ¼ di tazza di burro, varietà non salata
- ½ cucchiaino di condimento italiano
- Foglie di aneto, tritate finemente
- Sale e pepe a piacere

Indicazioni:

a) In una piccola padella, sciogliere il burro e aggiungere gradualmente il condimento italiano. Distribuire il composto sulle fette di pane.

b) Tostateli per qualche minuto utilizzando un tostapane.

c) Spalmare un po' di crema di formaggio sul pane tostato. Completare quindi con il salmone affumicato e le fettine sottili di cipolla rossa. Ripetete il procedimento fino ad utilizzare tutte le fette di pane tostato.

d) Trasferire su un piatto da portata e guarnire sopra le foglie di aneto tritate finemente.

9. Salmone affumicato e crema di formaggio su pane tostato

Porzioni: 5 porzioni

ingredienti
- 8 fette di baguette francese o pane di segale
- ½ tazza di crema di formaggio ammorbidita
- 2 cucchiai di cipolla bianca, affettata sottilmente
- 1 tazza di salmone affumicato, affettato
- ¼ di tazza di burro, varietà non salata
- ½ cucchiaino di condimento italiano
- Foglie di aneto, tritate finemente
- Sale e pepe a piacere

Indicazioni:
a) In una piccola padella, sciogliere il burro e aggiungere gradualmente il condimento italiano. Distribuire il composto sulle fette di pane.
b) Tostateli per qualche minuto utilizzando un tostapane.
c) Spalmare un po' di crema di formaggio sul pane tostato. Completare quindi con il salmone affumicato e le fettine sottili di cipolla rossa. Ripetete il procedimento fino ad utilizzare tutte le fette di pane tostato.
d) Trasferire su un piatto da portata e guarnire sopra le foglie di aneto tritate finemente.

10. Salmone su pane tostato con uovo in camicia

ingredienti
- 2 filetti di salmone
- 1 mazzetto di asparagi, mondati
- 2 fette spesse di pane a lievitazione naturale tostato, appena tagliato
- 2 uova di galline ruspanti

Indicazioni:

a)   Togliere i filetti dalla busta esterna e poi (mentre sono congelati e ancora nelle buste individuali), metterli in una padella e coprirli con acqua fredda. Portare a ebollizione e cuocere a fuoco lento per 15 minuti.

b)   A cottura ultimata, togliete i filetti di salmone dalle buste e metteteli su un piatto mentre montate il piatto.

c)   Mentre il salmone cuoce, preparate la salsa olandese. Metti una ciotola di vetro resistente al calore sopra una pentola riempita per metà d'acqua e portata a ebollizione a fuoco basso. Ora sciogliete il burro in un pentolino a parte e poi toglietelo dal fuoco.

d)   Mettete i tuorli separati nella ciotola sopra l'acqua tiepida e iniziate a sbattere, aggiungendo gradualmente l'aceto di vino bianco. Continuate a frullare man mano che aggiungete il burro fuso. Il composto si unirà per formare una salsa deliziosamente liscia e densa. Se la salsa vi sembra troppo densa aggiungete qualche spruzzata di succo di limone. Condire leggermente con un po' di sale e un po' di pepe nero appena macinato.

e)   Riempire una pentola con l'acqua bollente del bollitore e portare a ebollizione a fuoco medio, aggiungendo un pizzico di sale marino. Rompi le uova singolarmente in tazze, quindi mescola l'acqua per farla muovere prima di aggiungere le uova, una alla volta.

f)   Lasciare cuocere: 2 minuti per un uovo morbido, 4 minuti per uno più sodo. Togliere dalla padella con una schiumarola per scolare. Quindi mettere otto gambi di asparagi nella padella con acqua bollente e cuocere per 1 - 1 minuto e mezzo fino a quando saranno teneri. Nel frattempo mettete a cuocere il toast.

g) Imburrare il pane tostato e guarnirlo con gli asparagi, poi l'uovo in camicia, un cucchiaio o due di salsa olandese e infine il filetto di salmone in camicia.

h) Condisci con una spolverata di sale marino e pepe nero macinato e mangia subito!

11. Wrap per la colazione con salmone e uova

Serve: 1

ingredienti
- 2 grandi uova di leone britannico, sbattute
- 1 cucchiaio di aneto fresco o erba cipollina tritata
- Un pizzico di sale e pepe nero macinato fresco
- Un filo d'olio d'oliva
- 2 cucchiai di yogurt greco senza grassi
- Un po' di scorza grattugiata e una spruzzata di succo di limone
- 40 g di salmone affumicato, tagliato a listarelle
- Una manciata di insalata di crescione, spinaci e rucola

Indicazioni:

a) In una brocca sbattere le uova, le erbe aromatiche, il sale e il pepe. Scaldare una padella antiaderente, aggiungere l'olio, poi versare le uova e cuocere per un minuto o finché l'uovo sopra non si sarà rappreso.

b) Capovolgi e cuoci ancora per un minuto fino a quando la base sarà dorata. Trasferire su una tavola a raffreddare.

c) Mescolare lo yogurt con la scorza e il succo di limone e abbondante pepe nero macinato. Distribuire il salmone affumicato sull'involucro delle uova, ricoprire con le foglie e irrorare con il composto di yogurt.

d) Arrotolare la pellicola per le uova e avvolgerla nella carta per servire.

12. Bocconcini di salmone cremosi di patate

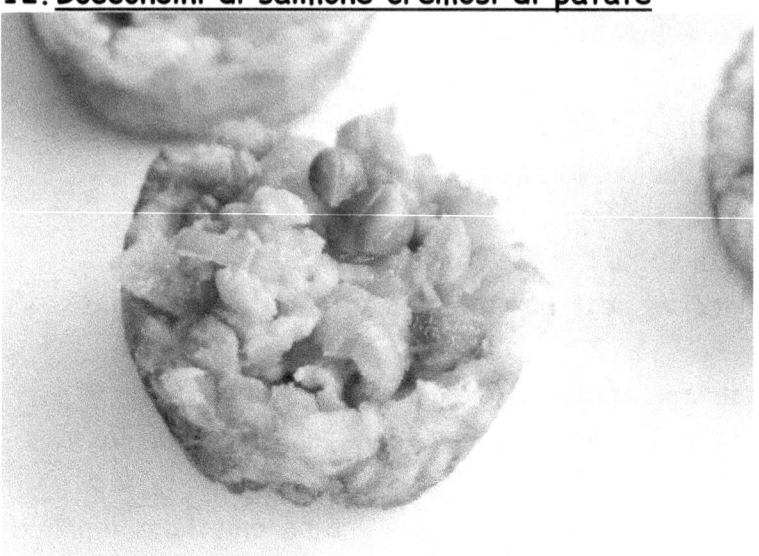

Porzioni: 10 porzioni

Ingredienti:
- 20 patate rosse novelle
- 200 grammi di salmone affumicato, tagliato a pezzetti
- 1 tazza di panna acida
- 1 cipolla bianca media, tritata finemente
- Sale e pepe a piacere
- Foglie di aneto fresco, tritate finemente

Indicazioni:
a) Portare a ebollizione una grande pentola d'acqua, quindi aggiungere 2 cucchiai di sale nella pentola. Metti le patate nella pentola e cuoci per 8-10 minuti o fino a quando le patate saranno cotte.
b) Pescate subito le patate dalla pentola e mettetele in una ciotola. Versarvi sopra dell'acqua fredda per interrompere la cottura. Scolare bene e mettere da parte.
c) In una ciotola media, unisci il resto degli ingredienti. Raffreddare in frigorifero per 5-10 minuti.
d) Tagliate a metà le patate novelle e raschiate alcune parti del centro delle patate. Versare la polpa di patate raccolta nella miscela cremosa fredda. Amalgamare bene con il resto degli ingredienti.
e) Guarnire le patate con il composto cremoso utilizzando un cucchiaino o una sac à poche.
f) Cospargere con altre foglie di aneto tritate finemente prima di servire.

13. Salsa al salmone affumicato

Porzioni: 4 porzioni

Ingredienti:
- 1 tazza di salmone affumicato, tritato
- 1 tazza di crema di formaggio, temperatura ambiente
- ½ tazza di panna acida, varietà a ridotto contenuto di grassi
- 1 cucchiaio di succo di limone, appena spremuto
- 1 cucchiaio di erba cipollina o aneto tritato
- ½ cucchiaino di salsa piccante
- Sale e pepe a piacere
- Fette di baguette francese o cracker sottili di grano per servire

Indicazioni:
a) In un robot da cucina o in un mixer elettrico, versare la crema di formaggio, la panna acida, il succo di limone e la salsa piccante. Frullare il composto fino a renderlo omogeneo.
b) Trasferire il composto in un contenitore. Aggiungere il salmone affumicato tritato e l'erba cipollina tritata e mescolare bene.
c) Riponete il composto in frigo per un'ora, poi guarnite con altra erba cipollina tritata. Servire la crema di salmone fredda con fette di baguette o cracker sottili.

14. Snack tartine al salmone affumicato

Resa: 1 porzione
Ingrediente
- 6 once di formaggio cremoso (ammorbidito)
- 25 basi per tartine al prezzemolo
- 2 cucchiaini di senape preparata
- 4 once di salmone affumicato

Indicazioni:
a) Frullare la crema di formaggio e la senape; stendere una parte del composto sottilmente sulle basi delle tartine.
b) Disporre un pezzo di salmone su ogni tartina, ricoprire con un po' del composto rimasto o, se lo si desidera, spalmare tutto il composto di crema di formaggio attorno alla base.
c) Completare ciascuno con un rametto di prezzemolo.

15. Crocchette di salmone al forno

Resa: 6 porzioni

Ingrediente
- 2 cucchiai di burro; ammorbidito
- 1½ libbre di salmone fresco; cucinato
- 2 tazze di pangrattato fresco
- 1 cucchiaio di scalogno
- 1 cucchiaio di aneto fresco; tagliato
- ½ Limone; scorza di, grattugiata
- 1 uovo
- 1 tazza di panna
- ½ cucchiaino di sale
- ½ tazza di panna acida
- Caviale
- spicchi di limone

Indicazioni:
a) Mettete il salmone a scaglie in una ciotola.
b) Aggiungere ¾ tazza di pangrattato, lo scalogno, l'aneto, la scorza di limone, l'uovo e la panna. Mescolare delicatamente con una forchetta. Condire con sale, pepe e pepe di cayenna. Cospargere con i rimanenti cucchiai di burro.
c) Disporre le tazze in una teglia. Versare abbastanza acqua calda da raggiungere la metà dei lati degli stampini. Cuocere fino a quando non sarà abbastanza sodo e solidificato, circa 30 minuti.
d) Raffreddare per 5-10 minuti.
e) Le crocchette possono essere sformate, con il lato destro rivolto verso l'alto, oppure servite negli stampini. Guarnire ogni crocchetta con panna acida e caviale o semplicemente guarnire con limone.

16. Pacchetti di salmone al forno

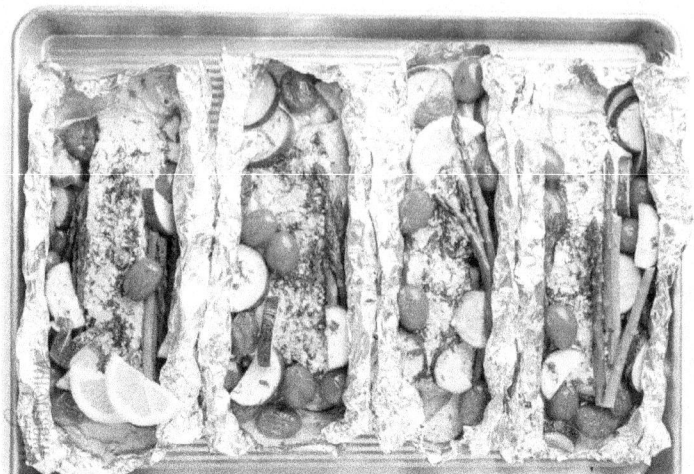

Resa: 4 porzioni

Ingrediente
- 4 Filetti Di Salmone
- 4 cucchiaini di burro
- 8 rametti di timo, fresco
- 8 rametti di prezzemolo, fresco
- 4 spicchi d'aglio, tritati
- 4 cucchiai Vino bianco secco
- ½ cucchiaino di sale
- ½ cucchiaino di pepe nero macinato

Indicazioni:

a) Preriscaldare il forno a 400 gradi. Posiziona 4 grandi pezzi di pellicola su una superficie di lavoro, con il lato lucido rivolto verso il basso. Spruzzare l'interno con spray da cucina per verdure. Metti un filetto di pesce su ogni pezzo di carta stagnola. Dividere equamente timo, prezzemolo, aglio, sale, pepe e vino tra i pesci.

b) Cospargere ogni filetto con un cucchiaino di burro, quindi piegarlo saldamente e sigillare i bordi. Disporre i cartocci su una teglia e cuocere in forno per 10-12 minuti. Disporre i pacchetti sui piatti e aprirli con attenzione.

17. Antipasto di fagioli neri e salmone

Ingrediente
- 8 Tortillas di mais;
- 16 once di fagioli neri di mais;
- 7 once di salmone rosa
- 2 cucchiai di olio di cartamo
- $\frac{1}{4}$ tazza di succo di lime fresco
- $\frac{1}{4}$ tazza di prezzemolo fresco; tritato
- $\frac{1}{2}$ cucchiaino di cipolla in polvere
- $\frac{1}{2}$ cucchiaino di sale di sedano
- $\frac{3}{4}$ cucchiaino di cumino macinato
- $\frac{3}{4}$ cucchiaino di aglio; tritato
- $\frac{1}{2}$ cucchiaino di scorza di lime; grattugiato
- $\frac{1}{4}$ cucchiaino di fiocchi di peperoncino; essiccato
- $\frac{1}{4}$ cucchiaino di peperoncino;

Indicazioni:
a) Preriscaldare il forno a 350 gradi. Tagliare le tortillas in triangoli e tostarle in forno fino a renderle croccanti, circa 5 minuti.

b) Unisci i fagioli e il salmone, sfaldando il salmone con una forchetta.

c) Mescolare gli ingredienti rimanenti; raffreddare per fondere i sapori. Servire con tortilla chips

18. Involtini di salmone

Resa: 6 porzioni

Ingrediente
- 6 Salmone affumicato; affettato finemente
- 1 Impasto per il pane preparato
- 1 uovo; picchiato
- Cipolla verde; tritato
- Pepe macinato fresco

Indicazioni:

a) Dopo lo scongelamento, stendere l'impasto preparato in un cerchio da 9 pollici.

b) Coprire la parte superiore con strisce di salmone e aggiungere i condimenti.

c) Tagliare il cerchio in pezzi a forma di cuneo e arrotolarli strettamente, iniziando dal bordo esterno. Spennellate il rotolo con l'uovo sbattuto e infornate a 120° per circa 15 minuti.

d) Servire caldo come antipasto o durante il pranzo.

19. Salmone al forno magico

Fa 1 porzione
ingredienti
- 1 filetto di salmone
- 2 cucchiaini di Salmon Magic
- Burro non salato, fuso

Indicazioni
a) Scaldare il forno a 450 F.
b) Spennellare leggermente la parte superiore e i lati del filetto di salmone con burro fuso. Spennellare leggermente una teglia con burro fuso.
c) Condire la parte superiore e i lati del filetto di salmone con Salmon Magic. Se il filetto è spesso, utilizzare un po' più di Salmon Magic. Premere delicatamente il condimento.
d) Disporre il filetto sulla teglia e cuocere fino a quando la parte superiore sarà dorata e il filetto sarà appena cotto. Per avere un salmone umido e rosa, non cuocere troppo. Servire immediatamente.
e) Tempo di cottura: da 4 a 6 minuti.

20. Salmone con Melograno e Quinoa

Porzioni: 4 porzioni

ingredienti
- 4 filetti di salmone, senza pelle
- ¾ tazza di succo di melograno, senza zucchero (o varietà a basso contenuto di zucchero)
- ¼ tazza di succo d'arancia, senza zucchero
- 2 cucchiai di marmellata di arance
- 2 cucchiai di aglio tritato
- Sale e pepe a piacere
- 1 tazza di quinoa, cotta secondo la confezione
- Alcuni rametti di coriandolo

Indicazioni:

a) In una ciotola media, unire il succo di melograno, il succo d'arancia, la marmellata di arance e l'aglio. Condire con sale e pepe e aggiustare il gusto secondo le preferenze.

b) Preriscaldare il forno a 400F. Ungere la teglia con burro ammorbidito. Disporre il salmone sulla teglia, lasciando uno spazio di 1 pollice tra i filetti.

c) Cuocere il salmone per 8-10 minuti. Quindi togliere con attenzione la teglia dal forno e versarvi il composto di melograno. Assicuratevi che la parte superiore del salmone sia ricoperta uniformemente dal composto. Rimetti il salmone nel forno e cuoci per altri 5 minuti o fino a quando sarà completamente cotto e il composto di melograno avrà assunto una glassa dorata.

d) Mentre il salmone cuoce preparate la quinoa. Far bollire 2 tazze d'acqua a fuoco medio e aggiungere la quinoa. Cuocere per 5-8 minuti o finché l'acqua non sarà stata assorbita. Spegnere il fuoco, sgranare la quinoa con una forchetta e rimettere il coperchio. Lasciare cuocere la quinoa con il calore rimasto per altri 5 minuti.

e) Trasferisci il salmone glassato al melograno in un piatto da portata e cospargi un po' di coriandolo fresco tritato. Servire il salmone con la quinoa.

21. Salmone al forno e patate dolci

Porzioni: 4 porzioni

ingredienti
- 4 filetti di salmone, privati della pelle
- 4 patate dolci di media grandezza, sbucciate e tagliate a pezzi spessi 1 pollice
- 1 tazza di cimette di broccoli
- 4 cucchiai di miele puro (o sciroppo d'acero)
- 2 cucchiai di marmellata di arance
- 1 manopola di zenzero fresco da 1 pollice, grattugiato
- 1 cucchiaino di senape di Digione
- 1 cucchiaio di semi di sesamo tostati
- 2 cucchiai di burro non salato, sciolto
- 2 cucchiaini di olio di sesamo
- Sale e pepe a piacere
- Cipolline/scalogno, appena tritati

Indicazioni:

a) Preriscaldare il forno a 400F. Ungere la teglia con burro fuso non salato.

b) Mettete nella padella le patate dolci affettate e le cimette di broccoli. Condire leggermente con sale, pepe e un cucchiaino di olio di sesamo. Assicurati che le verdure siano leggermente ricoperte di olio di sesamo.

c) Cuocere le patate e i broccoli per 10-12 minuti.

d) Mentre le verdure sono ancora nel forno preparate la glassa dolce. In una terrina, aggiungere il miele (o lo sciroppo d'acero), la marmellata di arance, lo zenzero grattugiato, l'olio di sesamo e la senape.

e) Togliere con attenzione la teglia dal forno e allargare le verdure di lato per fare spazio al pesce.

f) Condire leggermente il salmone con sale e pepe.

g) Disporre i filetti di salmone al centro della teglia e versare la glassa dolce sopra il salmone e le verdure.

h) Riporta la padella nel forno e cuoci per altri 8-10 minuti o fino a quando il salmone sarà tenero.

i) Trasferisci il salmone, le patate dolci e i broccoli su un bel piatto da portata. Decorare con semi di sesamo e cipollotti.

22. Salmone al forno con salsa di fagioli neri

Porzioni: 4 porzioni

ingredienti
- 4 filetti di salmone, privati della pelle e delle lische
- 3 cucchiai di salsa di fagioli neri o salsa all'aglio di fagioli neri
- $\frac{1}{2}$ tazza di brodo di pollo (o brodo vegetale come sostituto più sano)
- 3 cucchiai di aglio tritato
- 1 manopola di zenzero fresco da 1 pollice, grattugiato
- 2 cucchiai di sherry o sakè (o qualsiasi vino da cucina)
- 1 cucchiaio di succo di limone, appena spremuto
- 1 cucchiaio di salsa di pesce
- 2 cucchiai di zucchero di canna
- $\frac{1}{2}$ cucchiaino di scaglie di peperoncino rosso
- Foglie di coriandolo fresche, tritate finemente
- Cipollotto come guarnizione

Indicazioni:

a) Ungere una teglia ampia oppure foderarla con carta da forno. Preriscaldare il forno a 350F.

b) Unisci il brodo di pollo e la salsa di fagioli neri in una ciotola media. Aggiungere l'aglio tritato, lo zenzero grattugiato, lo sherry, il succo di limone, la salsa di pesce, lo zucchero di canna e i fiocchi di peperoncino. Mescolare accuratamente finché lo zucchero di canna non sarà completamente sciolto.

c) Versare la salsa di fagioli neri sui filetti di salmone e lasciare che il salmone assorba completamente la miscela di fagioli neri per almeno 15 minuti.

d) Trasferisci il salmone nella teglia. Cuocere per 15-20 minuti. Assicuratevi che il salmone non diventi troppo secco nel forno.

e) Servire con coriandolo tritato e cipollotto.

23. Salmone grigliato alla paprika con spinaci

Porzioni: 6 porzioni

ingredienti
- 6 filetti di salmone rosa, spessi 1 pollice
- ¼ di tazza di succo d'arancia, appena spremuto
- 3 cucchiaini di timo secco
- 3 cucchiai di olio extra vergine di oliva
- 3 cucchiaini di paprika dolce in polvere
- 1 cucchiaino di cannella in polvere
- 1 cucchiaio di zucchero di canna
- 3 tazze di foglie di spinaci
- Sale e pepe a piacere

Indicazioni:

a) Spennellare leggermente un po' di oliva su ciascun lato dei filetti di salmone, quindi condire con paprika in polvere, sale e pepe. Mettere da parte per 30 minuti a temperatura ambiente. Lasciare che il salmone assorba il rub di paprika.

b) In una piccola ciotola, mescolare il succo d'arancia, il timo secco, la cannella in polvere e lo zucchero di canna.

c) Preriscaldare il forno a 400F. Trasferisci il salmone in una teglia rivestita di alluminio. Versare la marinata sul salmone. Cuocere il salmone per 15-20 minuti.

d) In una padella capiente aggiungete un cucchiaino di olio extravergine di oliva e fate cuocere gli spinaci per circa qualche minuto o finché non saranno appassiti.

e) Servire il salmone al forno con gli spinaci a parte.

24. Teriyaki di salmone con verdure

Porzioni: 4 porzioni

ingredienti
- 4 filetti di salmone, privati della pelle e delle lische
- 1 patata dolce grande (o semplicemente patata), tagliata a pezzetti
- 1 carota grande, tagliata a pezzetti
- 1 cipolla bianca grande, tagliata a spicchi
- 3 peperoni grandi (verdi, rossi e gialli), tritati
- 2 tazze di cimette di broccoli (possono essere sostituite con asparagi)
- 2 cucchiai di olio extra vergine di oliva
- Sale e pepe a piacere
- Cipolline, tritate finemente
- Salsa teriyaki
- 1 tazza d'acqua
- 3 cucchiai di salsa di soia
- 1 cucchiaio di aglio tritato
- 3 cucchiai di zucchero di canna
- 2 cucchiai di miele puro
- 2 cucchiai di amido di mais (sciolto in 3 cucchiai di acqua)
- ½ cucchiaio di semi di sesamo tostati

Indicazioni:
a) In una piccola padella, sbatti la salsa di soia, lo zenzero, l'aglio, lo zucchero, il miele e l'acqua a fuoco basso. Mescolare continuamente finché il composto non bolle lentamente. Mescolare l'acqua di amido di mais e attendere che il composto si addensi. Aggiungere i semi di sesamo e mettere da parte.

b) Ungere una grande teglia con burro non salato o spray da cucina. Preriscaldare il forno a 400F.

c) In una ciotola capiente mettete tutte le verdure e conditele con l'olio d'oliva. Mescolare bene fino a quando le verdure saranno ben ricoperte di olio. Condire con pepe appena macinato e un po' di sale. Trasferisci le verdure nella teglia.

Distribuire le verdure ai lati e lasciare un po' di spazio al centro della teglia.

d) Disporre il salmone al centro della teglia. Versare 2/3 della salsa teriyaki sulle verdure e sul salmone.

e) Cuocere il salmone per 15-20 minuti.

f) Trasferisci il salmone al forno e le verdure arrostite su un bel piatto da portata. Versare la restante salsa teriyaki e guarnire con cipollotti tritati.

25. Salmone in stile asiatico con noodles

Porzioni: 4 porzioni

ingredienti

Salmone
- 4 filetti di salmone, privati della pelle
- 2 cucchiai di olio di sesamo tostato
- 2 cucchiai di miele puro
- 3 cucchiai di salsa di soia leggera
- 2 cucchiai di aceto bianco
- 2 cucchiai di aglio tritato
- 2 cucchiai di zenzero fresco, grattugiato
- 1 cucchiaino di semi di sesamo tostati
- Cipollotto tritato per guarnire

Spaghetti di riso
- 1 confezione di spaghetti di riso asiatici

Salsa
- 2 cucchiai di salsa di pesce
- 3 cucchiai di succo di lime, appena spremuto
- Scaglie di peperoncino

Indicazioni:

a) Per la marinata di salmone, unire olio di sesamo, salsa di soia, aceto, miele, aglio tritato e semi di sesamo. Versare nel salmone e lasciare marinare il pesce per 10-15 minuti.

b) Disporre il salmone in una teglia leggermente unta con olio d'oliva. Cuocere per 10-15 minuti a 420F.

c) Mentre il salmone è nel forno, cuoci gli spaghetti di riso secondo le indicazioni sulla confezione. Scolatele bene e trasferitele nelle ciotole individuali.

d) Mescolare la salsa di pesce, il succo di lime e i fiocchi di peperoncino e versare negli spaghetti di riso.

e) Completare ogni ciotola di noodle con filetti di salmone appena sfornati. Decorare con cipollotti e semi di sesamo.

26. Salmone in camicia in brodo di pomodoro e aglio

Serve 4

ingredienti
- 8 spicchi d'aglio
- scalogno
- cucchiaini di olio extra vergine di oliva
- 5 pomodori maturi
- 1 1/2 tazza di vino bianco secco
- 1 tazza d'acqua
- 8 rametti di timo 1/4 cucchiaino di sale marino
- 1/4 cucchiaino di pepe nero fresco
- 4 filetti di salmone Copper River Sockeye olio al tartufo bianco (facoltativo)

Indicazioni

a) Sbucciare e tritare grossolanamente gli spicchi d'aglio e lo scalogno. In una grande brasiera o padella con coperchio, mettere l'olio d'oliva, l'aglio e lo scalogno. Sudare a fuoco medio-basso fino a renderlo morbido, circa 3 minuti.

b) Mettete nella padella i pomodori, il vino, l'acqua, il timo, il sale e il pepe e portate a ebollizione. Una volta raggiunta l'ebollizione, abbassare la fiamma a fuoco lento e coprire.

c) Cuocere a fuoco lento per 25 minuti finché i pomodori non saranno scoppiati rilasciando i loro succhi. Con un cucchiaio di legno o una spatola, schiacciare i pomodori fino a ridurli in poltiglia. Cuocere a fuoco lento per altri 5 minuti senza coperchio, finché il brodo non si sarà ridotto un po'.

d) Mentre il brodo sta ancora bollendo, mettete il salmone nel brodo. Coprire e cuocere in camicia solo per 5-6 minuti finché il pesce non si sfalda facilmente. Disporre il pesce su un piatto e mettere da parte. Mettete un colino in una ciotola capiente e versate il brodo rimanente nel colino. Filtrare il brodo eliminando i solidi rimasti. Assaggiate il brodo e aggiungete sale e pepe se necessario.

e) Un semplice purè di patate al burro o anche patate arrosto sono un buon contorno per questo pasto. Completare quindi con gli asparagi saltati e il salmone bollito.

f) Versare il brodo filtrato attorno al salmone. A piacere aggiungere un filo di olio al tartufo bianco. Servire.

27. Salmone in camicia

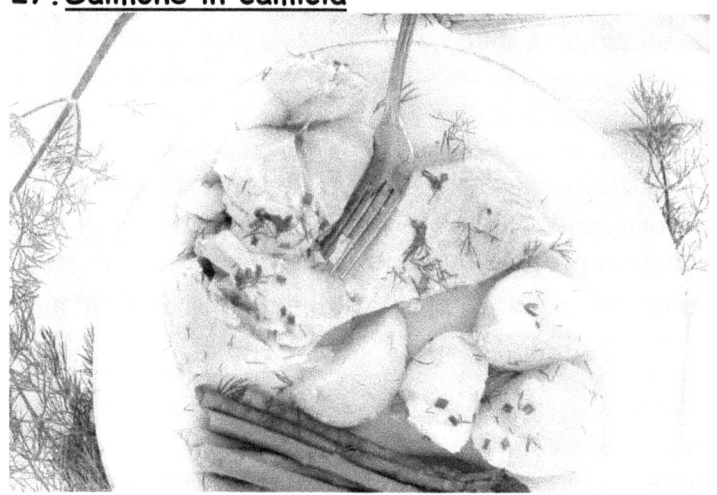

ingredienti
- Piccoli filetti di salmone, circa 6 once

Indicazioni
a) Metti circa mezzo pollice d'acqua in una padella piccola da 5-6 pollici, coprendola, scaldando l'acqua a fuoco lento, quindi mettendo il filetto coperto per quattro minuti.
b) Aggiungi il condimento che preferisci al salmone o all'acqua.
c) I quattro minuti lasciano il centro crudo e molto succoso.
d) Lasciare raffreddare un po' il filetto e tagliarlo a pezzetti larghi un centimetro e mezzo.
e) Aggiungi a un'insalata che include lattuga (di qualsiasi tipo) un buon pomodoro, un bell'avocado maturo, cipolla rossa, crostini e qualsiasi condimento gustoso.

28. Salmone in camicia con salsa alle erbe verdi

Porzioni: 4 porzioni

ingredienti
- 3 tazze d'acqua
- 4 bustine di tè verde
- 2 filetti di salmone grandi (circa 350 grammi ciascuno)
- 4 cucchiai di olio extra vergine di oliva
- 3 cucchiai di succo di limone, appena spremuto
- 2 cucchiai di prezzemolo, appena tritato
- 2 cucchiai di basilico, appena tritato
- 2 cucchiai di origano, appena tritato
- 2 cucchiai di erba cipollina asiatica, appena tritata
- 2 cucchiaini di foglie di timo
- 2 cucchiaini di aglio, tritato

Indicazioni:
a)   Portare a ebollizione l'acqua in una pentola capiente. Aggiungere le bustine di tè verde, quindi togliere dal fuoco.
b)   Lasciare le bustine di tè in infusione per 3 minuti. Pescare le bustine di tè dalla pentola e portare a ebollizione l'acqua infusa nel tè. Aggiungete il salmone e abbassate la fiamma.
c)   Lessare i filetti di salmone finché non diventano opachi nella parte centrale. Cuocere il salmone per 5-8 minuti o fino a cottura completa.
d)   Togliere il salmone dalla pentola e metterlo da parte.
e)   In un frullatore o robot da cucina, versare tutte le erbe aromatiche appena tritate, l'olio d'oliva e il succo di limone. Frullare bene finché il composto non si trasforma in una pasta liscia. Condire la pasta con sale e pepe. Puoi modificare i condimenti quando necessario.
f)   Servire il salmone in camicia su un piatto grande e guarnire con la pasta di erbe fresche.

29. Salmone in camicia con riso appiccicoso

Resa: 1 porzione

ingredienti
- 5 tazze di olio d'oliva
- 2 teste di zenzero; fracassato
- 1 testa d'aglio; fracassato
- 1 mazzo di scalogno; scheggiato
- 4 Pezzi Salmone; (6 once)
- 2 tazze di riso giapponese; in umido
- ¾ tazza di Mirin
- 2 scalogni; scheggiato
- ½ tazza di ciliegie secche
- ½ tazza di mirtilli secchi
- 1 Foglio nori; sbriciolato
- ½ tazza di succo di limone
- ½ tazza di brodo di pesce
- ¼ tazza di vino ghiacciato
- ¾ tazza di olio di vinaccioli
- ½ tazza di mais essiccato all'aria

Indicazioni

a) In un pentolino portare l'olio d'oliva a 160 gradi. Aggiungi lo zenzero tritato, l'aglio e gli scalogni. Togliere il composto dal fuoco e lasciarlo in infusione per 2 ore. Sottoporre a tensione.

b) Cuocete a vapore il riso e poi conditelo con il mirin. Una volta raffreddato, unire lo scalogno tagliato a scaglie. Portare l'olio d'oliva a 160 gradi. Aggiungi lo zenzero tritato, l'aglio e gli scalogni. Prendi le bacche e le alghe.

c) Per preparare la salsa, portare a ebollizione il succo di limone, il brodo di pesce e il vino ghiacciato. Togliere dal fuoco e sfumare con l'olio di vinaccioli. Condire con sale e pepe.

d) Per cuocere il pesce, portare l'olio per il bracconaggio a circa 160 gradi in una casseruola profonda. Condire il salmone con sale e pepe e immergere delicatamente l'intero pezzo di pesce nell'olio. Lasciare cuocere delicatamente per circa 5 minuti o fino a cottura media.

e) Mentre il pesce cuoce, adagiate l'insalata di riso su un piatto e conditela con la salsa di limone. Metti il pesce in camicia sull'insalata di riso una volta cotto in camicia.

30. Filetto Di Salmone Agrumi

Serve 4 persone

ingredienti
- ¾ kg Filetto di salmone fresco
- 2 cucchiai di miele aromatizzato alla Manuka o semplice
- 1 cucchiaio di succo di lime appena spremuto
- 1 cucchiaio di succo d'arancia appena spremuto
- ½ cucchiaio di scorza di lime
- ½ cucchiaio di scorza d'arancia
- ½ pizzico di sale e pepe
- ½ lime a fette
- ½ arancia a fette
- ½ manciata di timo fresco e micro erbe aromatiche

Indicazioni

a) Utilizzare circa 1,5 kg + filetto di salmone Regal fresco, con la pelle e disossato.

b) Aggiungere l'arancia, il lime, il miele, il sale, il pepe e la scorza e mescolare bene

c) Mezz'ora prima della cottura glassare il filetto con un pennello da cucina e agrumi liquidi.

d) Affettare sottilmente l'arancia e il lime

e) Cuocere in forno a 190 gradi per 30 minuti poi controllare, potrebbero essere necessari altri 5 minuti a seconda di come preferite il salmone.

f) Sfornare e cospargere con timo fresco e microerbe

31. Lasagne al salmone

Serve 4 persone

ingredienti
- 2/3 parte(i) Latte per cuocere in camicia
- 2/3 grammi Fogli di lasagne cotte
- 2/3 tazza/e di aneto fresco
- 2/3 tazza/e di piselli
- 2/3 tazza/e di parmigiano
- 2/3 pallina di mozzarella
- 2/3 Salsa
- 2/3 sacchetto di spinaci novelli
- 2/3 tazza/e di panna
- 2/3 cucchiaino/i di noce moscata

Indicazioni
a)   Per prima cosa preparate la besciamella e la salsa agli spinaci e lessate il salmone. Per la besciamella, sciogliere il burro in un pentolino. Mescolare la farina e cuocere per qualche minuto finché non diventa schiumosa, mescolando continuamente.
b)   Aggiungete poco alla volta il latte tiepido, continuando a mescolare, fino ad ottenere una salsa liscia. Portare ad ebollizione dolce, mescolando continuamente finché la salsa non si sarà addensata. Aggiustare di sale e pepe.
c)   Per preparare la salsa di spinaci mondate e lavate gli spinaci. Con l'acqua ancora attaccata alle foglie, mettere gli spinaci in una pentola capiente, coprire con il coperchio e cuocere a fuoco lento finché le foglie non saranno appena appassite.
d)   Scolare e strizzare l'acqua in eccesso. Trasferisci gli spinaci in un frullatore o in un robot da cucina, aggiungi la panna e la noce moscata. Frullare per unire, quindi condire con sale e pepe.
e)   Preriscaldare il forno a 180°C. Ungere una grande teglia. Immergere delicatamente il salmone nel latte fino a cottura ultimata, quindi spezzettarlo in pezzi di buone dimensioni. Scartare il latte.

f) Coprire sottilmente il fondo della teglia con 1 tazza di besciamella.

g) Stendere uno strato sovrapposto di sfoglie di lasagne sopra la salsa, quindi spalmare uno strato di salsa di spinaci e adagiarvi sopra metà dei pezzi di salmone in modo uniforme. Cospargere con un po' di aneto tritato. Aggiungere un altro strato di lasagne, quindi aggiungere uno strato di besciamella e cospargere il tutto con i piselli per una copertura ruvida.

h) Ripetere nuovamente gli strati, quindi le sue lasagne, spinaci e salmone, aneto, lasagne, besciamella e poi piselli. Terminare con un ultimo strato di lasagne, poi uno strato sottile di besciamella. Completare con parmigiano grattugiato e pezzetti di mozzarella fresca.

i) Cuocere le lasagne per 30 minuti o fino a quando saranno calde e morbide

32. Filetti Di Salmone Teriyaki

Serve 4 persone

ingredienti
- 140 grammi 2 porzioni doppie Regal 140g di salmone fresco
- 1 tazza/e di zucchero semolato
- 60 ml di salsa di soia
- 60 ml di condimento al mirin
- 60 ml di condimento al mirin
- 1 confezione di udon biologici

Indicazioni
a) Marinare 4 pezzi da 140 g di salmone Fresh Regal, utilizzando zucchero semolato, salsa di soia, salsa mirin, mescolare bene tutti e 3 gli ingredienti e lasciare sul salmone per 30 minuti.

b) Fate bollire l'acqua e aggiungete gli udon biologici e fateli bollire velocemente per 10 minuti.

c) Affettate sottilmente lo scalogno e mettetelo da parte.

d) Cuocere le porzioni di filetto di salmone in una padella a fuoco medio-alto per 5 minuti, quindi girarle da un lato all'altro, versando sopra l'eventuale salsa extra.

e) Una volta pronte le tagliatelle, stenderle su un piatto e guarnirle con il salmone

33. Salmone dalla pelle croccante con salsa ai capperi

Serve 4 persone

ingredienti
- 4 porzioni di filetto di salmone neozelandese fresco da 140 g
- 200 ml di olio d'oliva premium
- 160 ml Aceto balsamico bianco
- 2 spicchi d'aglio schiacciati
- 4 cucchiai di capperi tritati
- 4 cucchiai di prezzemolo tritato
- 2 cucchiai di aneto tritato

Indicazioni
a) Ricoprire i filetti di salmone in 20 ml di olio d'oliva e condire con sale e pepe.
b) Cuocere a fuoco vivace utilizzando una padella antiaderente per 5 minuti, girando dall'alto verso il basso e da un lato all'altro.
c) Mettete gli ingredienti rimanenti in una ciotola e frullate, questo sarà il vostro condimento, una volta cotto il salmone, versate il condimento sul filetto, con la pelle rivolta verso l'alto.
d) Servire con un'insalata di pere, noci, halloumi e rucola

34. Filetto Di Salmone Con Caviale

Serve 4 persone

ingredienti
- 1 cucchiaino di sale
- 1 spicchi di lime
- 10 scalogni (cipolle) sbucciati
- 2 cucchiai di olio di soia (extra per spennellare)
- 250 grammi di pomodorini tagliati a metà
- 1 Peperoncino Verde Piccolo tagliato a fettine sottili
- 4 cucchiai di succo di lime
- 3 cucchiai di salsa di pesce
- 1 cucchiaio di zucchero
- 1 manciata di rametti di coriandolo
- 1 1/2 kg di filetto di salmone fresco s/on b/out
- 1 vasetto di uova di salmone (caviale)
- 3/4 cetriolo sbucciato, tagliato a metà nel senso della lunghezza, privato dei semi e affettato sottilmente

Indicazioni
a) Preriscaldare il forno a 200°C, ma mettere il cetriolo a fette in una ciotola di ceramica, con il sale, metterlo da parte per 30 minuti lasciandolo marinare.
b) Mettete gli scalogni in una pirofila, aggiungete l'olio di soia, mescolate bene e mettete in forno per 30 minuti, finché saranno teneri e ben dorati.
c) Sfornare e mettere da parte a raffreddare, nel frattempo lavare bene il cetriolo salato, sotto abbondante acqua corrente fredda, quindi strizzarlo a manciate e metterlo in una ciotola.
d) Preriscaldare la griglia del forno molto calda, tagliare a metà gli scalogni e aggiungerli al cetriolo.
e) Aggiungere i pomodori, il peperoncino, il succo di lime, la salsa di pesce, lo zucchero, i rametti di coriandolo e l'olio di sesamo e mescolare bene.

f) Assaggia – se necessario aggiusta il dolce, con zucchero e succo di lime – metti da parte.
g) Disporre il salmone su carta da forno oliata, spennellare la parte superiore del salmone con olio di soia, condire con sale e pepe, mettere sotto il grill per 10 minuti o fino a quando sarà cotto e leggermente dorato.
h) Sfornare, mettere su un piatto da portata, cospargere con il composto di pomodori e cetrioli e un cucchiaio di uova di salmone.
i) Servire con spicchi di lime e riso

35. Tranci di salmone alla griglia con acciughe

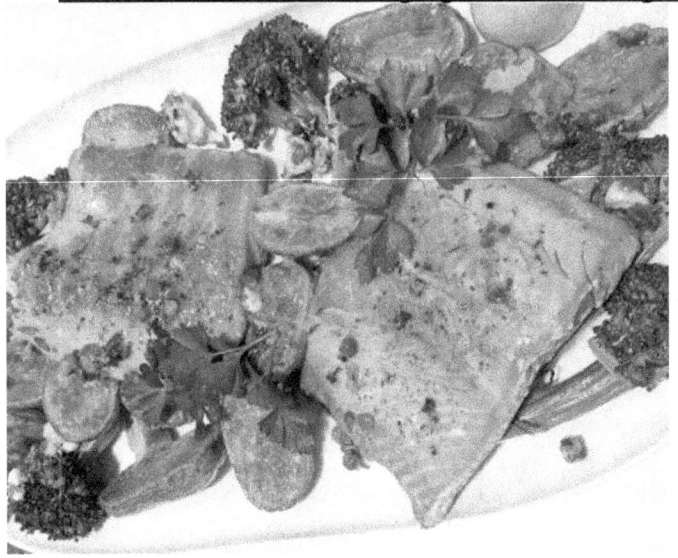

Resa: 4 porzioni

Ingrediente
- 4 bistecche di salmone
- Rametti di prezzemolo
- Spicchi di limone ---burro di acciughe-----
- 6 Filetti di acciughe
- 2 cucchiai di latte
- 6 cucchiai di burro
- 1 goccia di salsa Tabasco
- Pepe

Indicazioni
a) Preriscaldare la griglia a fuoco alto. Oliare la griglia e posizionare ciascuna bistecca per garantire un calore uniforme. Adagiare su ogni bistecca una piccola noce di Burro d'Acciughe (dividere un quarto del composto in quattro). Grigliare per 4 minuti.
b) Girare le bistecche con una fetta di pesce e mettere un altro quarto del burro tra le bistecche. Grigliare sul secondo lato per 4 minuti. Abbassate la fiamma e lasciate cuocere per altri 3 minuti, meno se le bistecche sono sottili.
c) Servire con una noce di burro di acciughe ben sistemata sopra ogni bistecca.
d) Decorare con rametti di prezzemolo e spicchi di limone.
e) Burro di acciughe: Mettere a bagno tutti i filetti di acciughe nel latte. Schiacciare in una ciotola con un cucchiaio di legno fino ad ottenere una crema. Unire tutti gli ingredienti e far raffreddare.
f) Serve 4.

36. Salmone alla griglia con affumicatura al barbecue

Resa: 4 porzioni

Ingrediente
- 1 cucchiaino di scorza di lime grattugiata
- ¼ tazza di succo di lime
- 1 cucchiaio di olio vegetale
- 1 cucchiaino di senape di Digione
- 1 pizzico di pepe
- 4 bistecche di salmone, spesse 1 pollice [1-1/2 lb.]
- ⅓ tazza di semi di sesamo tostati

Indicazioni

a) In un piatto fondo unire la scorza e il succo del lime, l'olio, la senape e il pepe; aggiungere il pesce, girando per ricoprire. Coprire e marinare a temperatura ambiente per 30 minuti, girando di tanto in tanto.

b) Riservare la marinata, rimuovere il pesce; cospargere con semi di sesamo. Posizionare sulla griglia unta direttamente a fuoco medio. Aggiungere trucioli di legno imbevuti.

c) Coprire e cuocere, girando e ungendo con la marinata a metà cottura, per 16-20 minuti o finché il pesce non si sfalda facilmente se provato con la forchetta.

37. Salmone alla griglia e fagioli neri

Resa: 4 porzioni

Ingrediente
- ½ libbra di fagioli neri; inzuppato
- 1 cipolla piccola; tritato
- 1 carota piccola
- ½ costata di sedano
- 2 once di prosciutto; tritato
- 2 peperoni jalapeno; staccato e tagliato a dadini
- 1 spicchio d'aglio
- 1 foglia di alloro; legati insieme con
- 3 rametti di timo
- 5 tazze d'acqua
- 2 Spicchi D'Aglio; tritato
- ½ cucchiaino di fiocchi di peperoncino
- ½ Limone; spremuto
- 1 limone; spremuto
- ⅓ tazza di olio d'oliva
- 2 cucchiai di basilico fresco; tritato
- Bistecche di salmone da 24 once

Indicazioni

a) Unisci in una pentola capiente i fagioli, la cipolla, la carota, il sedano, il prosciutto, i jalapenos, lo spicchio d'aglio intero, l'alloro con il timo e l'acqua. Cuocere a fuoco lento fino a quando i fagioli saranno teneri, circa 2 ore, aggiungendo più acqua se necessario per mantenere i fagioli coperti.

b) Togliere la carota, il sedano, le erbe aromatiche e l'aglio e scolare il liquido di cottura rimasto. Condire i fagioli con l'aglio tritato, le scaglie di peperoncino e il succo di $\frac{1}{2}$ limone. Accantonare.

c) Mentre i fagioli cuociono, unire il succo di un limone intero, l'olio d'oliva e le foglie di basilico. Versare sopra le bistecche di salmone e conservare in frigorifero per 1 ora. Grigliare il salmone a fuoco moderatamente alto per 4-5 minuti per lato, bagnandolo ogni minuto con un po' di marinata. Servire ogni bistecca con una porzione di fagioli.

38. Salmone dell'Alaska grigliato con petardi

Resa: 4 porzioni

Ingrediente
- 4 6 once bistecche di salmone
- $\frac{1}{4}$ di tazza di olio di arachidi
- 2 cucchiai di salsa di soia
- 2 cucchiai di aceto balsamico
- 2 cucchiai di scalogno tritato
- 1 cucchiaino e mezzo di zucchero di canna
- 1 spicchio d'aglio, tritato
- $\frac{3}{4}$ cucchiaino di radice di zenzero fresca grattugiata
- $\frac{1}{2}$ cucchiaino di scaglie di peperoncino rosso o più
- Gusto
- $\frac{1}{2}$ cucchiaino di olio di sesamo
- $\frac{1}{8}$ cucchiaino di sale

Indicazioni

a) Disporre i tranci di salmone in un piatto di vetro. Sbattere insieme gli ingredienti rimanenti e versarli sul salmone.

b) Coprire con pellicola trasparente e marinare in frigorifero per 4-6 ore. Riscaldare la griglia. Togliere il salmone dalla marinata, spennellare la griglia con olio e adagiare il salmone sulla griglia.

c) Grigliare a fuoco medio per 10 minuti per pollice di spessore, misurato nella parte più spessa, girando a metà cottura o finché il pesce non si sfalda quando viene provato con una forchetta.

39. Salmone alla griglia

Resa: 1 porzione

Ingrediente
- 3 once di salmone
- 1 cucchiaio di olio d'oliva
- ½ Limone; succo di
- 1 cucchiaino di erba cipollina
- 1 cucchiaino di prezzemolo
- 1 cucchiaino di pepe macinato fresco
- 1 cucchiaio di salsa di soia
- 1 cucchiaio di sciroppo d'acero
- 4 tuorli d'uovo
- ¼ litro di brodo di pesce
- ¼ litro di vino bianco
- 125 ml Doppia panna
- Erba cipollina
- Prezzemolo

Indicazioni

a) Affettare sottilmente il salmone e metterlo in un contenitore con olio d'oliva, sciroppo d'acero, salsa di soia, pepe e succo di limone per 10-20 minuti.

b) Zabaione: sbattere le uova a bagnomaria. In una padella fate ridurre il vino bianco e il brodo di pesce. Aggiungete il composto agli albumi e montate. Aggiungere la panna, continuando a sbattere.

c) Disporre le fettine sottili di salmone sul piatto da portata e irrorarle con un po' di zabaione. Mettere sotto il grill solo per 2-3 minuti.

d) Togliere e servire subito con una manciata di erba cipollina e prezzemolo.

40. Pasta al salmone e nero di seppia grigliato

Resa: 1 porzione

Ingrediente
- 4 200 grammi; (7-8 once) pezzi di filetto di salmone
- Sale e pepe
- 20 ml di olio vegetale; (3/4 once)
- Olio d'oliva per friggere
- 3 spicchi d'aglio tritati finemente
- 3 Pomodori tritati finemente
- 1 Cipollotto tritato finemente
- stagionatura
- 1 broccolo

Indicazioni

a) Pasta: potete acquistare le bustine di nero di seppia da un buon pescivendolo... oppure utilizzare la vostra pasta preferita

b) Preriscaldare il forno a 240°C/475°F/gas livello 9.

c) Condire i pezzi di filetto di salmone con sale e pepe. Scaldare una padella antiaderente, quindi aggiungere l'olio. Mettete il salmone nella padella e rosolatelo su ciascun lato per 30 secondi.

d) Trasferire il pesce su una teglia, quindi arrostirlo per 6-8 minuti fino a quando il pesce si sfalderà, ma sarà ancora un po' rosa al centro. Lasciare riposare per 2 minuti.

e) Trasferire il pesce in piatti caldi e versarvi sopra la salsa.

f) Cuocere i broccoli con la pasta per circa 5 minuti.

g) Versare un filo d'olio nella padella, aggiungere l'aglio, i pomodori e i cipollotti. Fate soffriggere a fuoco basso per 5 minuti, all'ultimo minuto aggiungete i broccoli.

41. Salmone con cipolle grigliate

Fa da 8 a 10 porzioni

ingredienti
- 2 tazze di trucioli di legno duro, imbevuti di acqua
- 1 salmone norvegese d'allevamento di grandi dimensioni (circa 1,3 kg), disossato
- 3 tazze di salamoia affumicata, a base di vodka
- $\frac{3}{4}$ di tazza di strofinamento per fumatori
- 1 cucchiaio di aneto essiccato
- 1 cucchiaino di cipolla in polvere
- 2 grandi cipolle rosse, tagliate a rondelle spesse un pollice
- $\frac{3}{4}$ tazza di olio extravergine di oliva 1 mazzetto di aneto fresco
- La scorza grattugiata finemente di 1 limone 1 spicchio d'aglio, tritato
- Sale grosso e pepe nero macinato

Indicazioni
a) Metti il salmone in un sacchetto con chiusura a cerniera jumbo (2 galloni). Se hai solo sacchetti da 1 litro, taglia il pesce a metà e usa due sacchetti. Aggiungi la salamoia ai sacchetti, fai uscire l'aria e sigilla. Conservare in frigorifero per 3 o 4 ore.
b) Mescolare tutto tranne 1 cucchiaio di rub con l'aneto essiccato e la polvere di cipolla e mettere da parte. Immergere le fette di cipolla in acqua ghiacciata. Riscaldare una griglia per fuoco basso indiretto, circa 225 °F, con fumo. Scolare i trucioli di legno e aggiungerli alla griglia.
c) Togliere il salmone dalla salamoia e asciugarlo con carta assorbente. Scartare la salamoia. Ricopri il pesce con 1 cucchiaio di olio e cospargi il lato carnoso con il rub che contiene aneto essiccato.
d) Sollevare le cipolle dall'acqua ghiacciata e asciugarle. Ricoprire con 1 cucchiaio di olio e cospargere con il restante 1

cucchiaio di strofinamento. Mettere da parte il pesce e le cipolle a riposare per 15 minuti.

e) Spennellare la griglia e ungerla bene con l'olio. Metti il salmone, con la carne rivolta verso il basso, direttamente sul fuoco e griglialo per 5 minuti finché la superficie non sarà dorata. Utilizzando una spatola da pesce grande o due spatole normali, girare il pesce con la pelle rivolta verso il basso e posizionarlo sulla griglia lontano dal fuoco. Metti le fette di cipolla direttamente sul fuoco.

f) Chiudi la griglia e cuoci fino a quando il salmone sarà sodo all'esterno, ma non asciutto, e resistente al centro, circa 25 minuti. Al termine, l'umidità si diffonderà sulla superficie quando il pesce verrà premuto delicatamente. Non dovrebbe sfaldarsi completamente sotto pressione.

g) Girare le cipolle una volta durante il tempo di cottura.

42. Salmone con tavola di cedro

Serve: 6

ingredienti
- 1 tavola di cedro non trattato (circa 14" x 17" x 1/2")
- 1/2 tazza di condimento italiano
- 1/4 tazza di pomodori secchi tritati
- 1/4 tazza di basilico fresco tritato
- 1 filetto di salmone (2 libbre) (spessore 1 pollice), pelle rimossa

Indicazioni
a) Immergere completamente la tavola di cedro nell'acqua, posizionando un peso sopra per mantenerla completamente coperta. Immergere almeno 1 ora.
b) Preriscaldare la griglia a fuoco medio-alto.
c) In una piccola ciotola, unisci il condimento, i pomodori secchi e il basilico; accantonare.
d) Rimuovere la tavola dall'acqua. Metti il salmone sulla tavola; posizionare sulla griglia e chiudere il coperchio. Grigliare per 10 minuti, quindi spennellare il salmone con la miscela di condimento. Chiudi il coperchio e griglia per altri 10 minuti o fino a quando il salmone si sfalda facilmente con una forchetta.

43. Salmone affumicato all'aglio

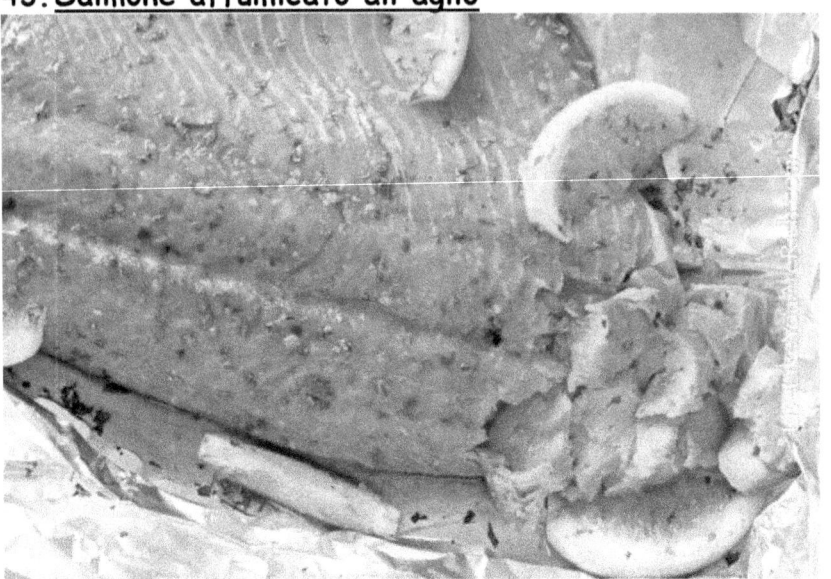

Serve 4

ingredienti
- 1 1/2 libbre. filetto di salmone
- sale e pepe qb 3 spicchi d'aglio tritati
- 1 rametto di aneto fresco, 5 fette di limone tritate
- 5 rametti di aneto fresco
- 2 cipolle verdi, tritate

Indicazioni
a) Preparare l'affumicatore a 250° F.
b) Spruzzare due grandi pezzi di foglio di alluminio con spray da cucina.
c) Metti il filetto di salmone sopra un pezzo di carta stagnola. Cospargere il salmone con sale, pepe, aglio e aneto tritato. Disporre le fette di limone sopra il filetto e posizionare un rametto di aneto sopra ogni fetta di limone. Cospargere il filetto con cipolle verdi.
d) Fumare per circa 45 minuti.

44. Salmone alla griglia con pesche fresche

Porzioni: 6 porzioni

ingredienti
- 6 filetti di salmone, spessi 1 pollice
- 1 lattina grande di pesche a fette, varietà sciroppata leggera
- 2 cucchiai di zucchero bianco
- 2 cucchiai di salsa di soia leggera
- 2 cucchiai di senape di Digione
- 2 cucchiai di burro non salato
- 1 manopola di zenzero fresco da 1 pollice, grattugiato
- 1 cucchiaio di olio d'oliva, varietà extravergine
- Sale e pepe a piacere
- Coriandolo fresco tritato

Indicazioni:
a) Scolare le pesche affettate e mettere da parte circa 2 cucchiai di sciroppo leggero. Tagliate le pesche a pezzetti.
b) Disporre i filetti di salmone in una teglia ampia.
c) In una casseruola media, aggiungere lo sciroppo di pesche messo da parte, lo zucchero bianco, la salsa di soia, la senape di Digione, il burro, l'olio d'oliva e lo zenzero. Continuate a mescolare a fuoco basso finché il composto non si sarà addensato un po'. Aggiungere sale e pepe a piacere.
d) Spegnere il fuoco e distribuire generosamente un po' del composto sui filetti di salmone utilizzando un pennello da imbastitura.
e) Aggiungere le pesche affettate nella casseruola e ricoprirle accuratamente con la glassa. Versare le pesche glassate sul salmone e distribuirle uniformemente.
f) Cuocere il salmone per circa 10-15 minuti a 420F. Tieni d'occhio il salmone in modo che il piatto non bruci.
g) Cospargere un po' di coriandolo fresco tritato prima di servire.

45. Insalata di salmone grigliato allo zenzero

Resa: 4 porzioni

ingredienti
- ¼ di tazza di yogurt bianco senza grassi
- 2 cucchiai di zenzero fresco tritato finemente
- 2 spicchi d'aglio, tritati finemente
- 2 cucchiai di succo di lime fresco
- 1 cucchiaio di scorza di lime appena grattugiata
- 1 cucchiaio di miele
- 1 cucchiaio di olio di canola
- ½ cucchiaino di sale
- ½ cucchiaino di pepe nero appena macinato
- 1¼ libbre di filetto di salmone, spesso 1 pollice, tagliato in 4 pezzi, con la pelle e le lische rimosse
- Insalata di crescione e zenzero sottaceto
- Spicchi di lime per guarnire

Indicazioni:

a) In una piccola ciotola, sbatti insieme yogurt, zenzero, aglio, succo di lime, scorza di lime, miele, olio, sale e pepe.

b) Metti il salmone in un piatto di vetro poco profondo e versaci sopra la marinata, girando il salmone per ricoprirlo su tutti i lati. Coprire e marinare in frigorifero per 20-30 minuti, girando una o due volte.

c) Nel frattempo, prepara un fuoco di carbone o preriscalda una griglia a gas. (Non utilizzare una griglia; il salmone si attaccherà.) 3. Utilizzando una spazzola per barbecue a manico lungo, ricoprire di olio la griglia.

d) Metti il salmone sulla griglia, con la pelle rivolta verso l'alto. Cuocere per 5 minuti. Usando 2 spatole di metallo, gira con attenzione i pezzi di salmone e cuoci fino a quando diventano opachi al centro, da 4 a 6 minuti in più. Con 2 spatole, togliete il salmone dalla griglia. Scivolare via la pelle.

e) Condire l'insalata di crescione con il condimento e dividerla in 4 piatti. Completare con un pezzo di salmone grigliato. Decorare con spicchi di lime. Servire immediatamente.

46. Salmone alla griglia con insalata di finocchi

Resa: 2 porzioni

Ingrediente
- 2 filetti di salmone da 140 g
- 1 finocchio a bulbo; affettato finemente
- ½ Pera; affettato finemente
- Qualche pezzetto di noci
- 1 pizzico di semi di cardamomo tritati
- 1 arancia; segmentato, succo
- 1 mazzetto di coriandolo; tritato
- 50 grammi di formaggio fresco leggero
- 1 pizzico di cannella in polvere
- Salgemma in scaglie e pepe nero macinato

Indicazioni:

a) Condire il salmone con sale e pepe e grigliarlo sotto il grill.

b) Mescolare la pera con il finocchio e condire con abbondante pepe nero, cardamomo e noci.

c) Frullare il succo e la scorza d'arancia con il formaggio fresco e aggiungere un po' di cannella. Disporre al centro del piatto un mazzetto di finocchi e adagiare sopra il salmone. Decorare l'esterno del piatto con spicchi d'arancia e irrorare con il fromage frais all'arancia.

d) Il finocchio riduce gli effetti tossici dell'alcol nel corpo ed è un buon digestivo.

47. Salmone alla griglia con patate e crescione

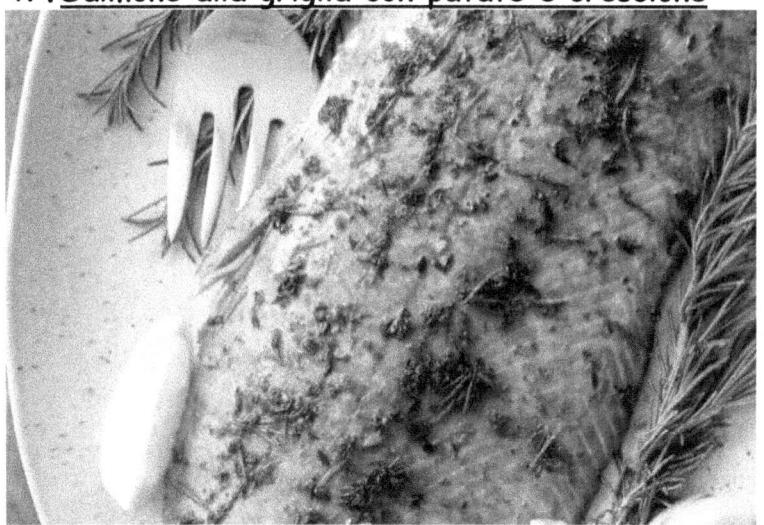

Resa: 6 porzioni

Ingrediente
- 3 libbre Piccolo rosso dalla pelle sottile
- Patate
- 1 tazza di cipolla rossa affettata sottilmente
- 1 tazza di aceto di riso condito
- Circa 1/2 libbra di crescione
- Sciacquato e croccante
- 1 filetto di salmone, circa 2 libbre.
- 1 cucchiaio di salsa di soia
- 1 cucchiaio di zucchero di canna ben confezionato
- 2 tazze di trucioli di legno di ontano o mesquite
- Immerso in acqua
- Sale

Indicazioni:

a) In una padella da 5 a 6 litri, portare a ebollizione circa 2 litri d'acqua a fuoco alto; aggiungere le patate. Coprire e cuocere a fuoco lento fino a quando le patate saranno tenere una volta forate, da 15 a 20 minuti. Scolare e raffreddare.

b) Immergere le cipolle per circa 15 minuti in acqua fredda fino a coprirle. Scolare e mescolare le cipolle con l'aceto di riso. Tagliare le patate in quarti; aggiungere alle cipolle.

c) Tagliare i teneri rametti di crescione dai gambi, quindi tritare finemente abbastanza gambi per ottenere ½ tazza (scartare gli extra o conservare per altri usi). Mescolare i gambi tritati su un grande piatto ovale con accanto l'insalata di patate; coprire e mantenere al fresco. Sciacquare il salmone e asciugarlo. Posizionare, con la pelle rivolta verso il basso, su un pezzo di pellicola pesante. Taglia la pellicola per seguire i contorni del pesce, lasciando un bordo di 1 pollice.

d) Piegare i bordi del foglio per adattarlo al bordo del pesce. Mescolare la salsa di soia con lo zucchero di canna e spennellare il filetto di salmone.

e) Disporre il pesce al centro della griglia, non sui carboni o sulla fiamma. Coprire il barbecue (aprire le prese d'aria per il carbone) e cuocere fino a quando il pesce diventa appena opaco nella parte più spessa (tagliato per testare), da 15 a 20 minuti. Trasferire il pesce sul piatto con l'insalata. Aggiungi sale a piacere. Servire caldo o freddo.

48. Salmone vina olki

Resa: 1 porzione
Ingrediente
- 2 tazze di aceto
- 4 tazze d'acqua
- 2 cucchiaini di cannella
- 4 cucchiaini di semi di cumino macinati
- 6 grandi spicchi d'aglio, schiacciati
- Sale e pepe a piacere
- Salmone

Indicazioni:
a) Mescolare tutti gli ingredienti in un grande bollitore e mescolare bene.
b) Aggiungere le fette di salmone e mescolare bene in modo che ogni fetta assorba le spezie e l'aglio.
c) Lasciare in salamoia per tutta la notte, ma non più di 24 ore, poiché il salmone tende a diventare molle.
d) Togliere dalla salamoia, arrotolare i cracker o la farina e friggerli in olio bollente.

49. Spiedini di salmone e porcini

Ingredienti:
- ¼ tazza di olio d'oliva
- ¼ di tazza di prezzemolo, tritato finemente
- ¼ tazza di timo fresco, senza gambo, tritato finemente
- 2 cucchiai di succo di limone
- 2 cucchiai di pepe nero macinato grossolanamente
- 1 cucchiaino di sale
- 1½ libbre di filetti di salmone, tagliati in 24 cubetti
- Da 1 a 1½ libbre di funghi
- 8 spiedini di legno
- spicchi di limone

Indicazioni:

m) Mescolare l'olio, il prezzemolo, il timo, il succo di limone, il sale e il pepe in una ciotola capiente.

n) Aggiungere i pezzi di salmone, mescolare bene, coprire e conservare in frigorifero per 1 ora.

o) Preriscaldare una griglia.

p) Togliere il composto dal frigorifero, aggiungere i pezzi di funghi e mescolare per ricoprire i funghi con la marinata. Scolare in uno scolapasta.

q) Alterna salmone e funghi sugli spiedini per preparare otto kebab, ciascuno a strati con tre pezzi di pesce e tre pezzi di funghi.

r) Adagiare gli spiedini imbevuti su una griglia unta d'olio e cuocere 4 minuti. Girare e cuocere altri 4 minuti o fino a quando i filetti saranno leggermente morbidi al tatto.

50. Salmone reale selvatico alla griglia

Ingredienti:
- 1 aragosta, 1¾ libbre
- ½ tazza di burro fuso
- 2 libbre di filetti di salmone
- ¼ di tazza di cipolla rossa tritata finemente
- 3 cucchiai di aceto bianco
- 2 cucchiai di acqua
- ¼ di tazza di panna
- 2 cucchiai di dragoncello fresco tritato finemente
- 4 cucchiai (½ panetto) di burro
- Sale e pepe nero appena macinato
- Spicchi e succo di limone
- Insalata di arance rosse

Indicazioni:

a) Irrorare il burro e il succo di limone nella cavità dell'aragosta.

b) Appoggia l'aragosta sul dorso sulla griglia, sopra la padella affumicatrice. Chiudete il coperchio e fate affumicare per circa 25 minuti. Trasferire su un tagliere ed eliminare la carne dalla coda e dalle chele, conservando il corallo e tutti i succhi in frigorifero.

c) Portare a ebollizione le cipolle, l'aceto e l'acqua in una casseruola media a fuoco medio-alto; ridurre il fuoco e cuocere a fuoco lento per 3-4 minuti o finché non si sarà ridotto di circa la metà. Aggiungere la panna e il dragoncello; cuocere a fuoco lento per 1 o 2 minuti o finché non si riduce della metà. Sbattere i pezzetti di burro.

d) Preparare la griglia e adagiare il salmone sul lato caldo.

e) Aggiungi i pezzi di aragosta e i succhi nella casseruola con il burro bianco, mescola e alza la fiamma a un livello medio-alto. Cuocere a fuoco lento, coperto, mescolando più volte, per 3-4 minuti o fino a quando la carne di aragosta sarà completamente riscaldata.

51. Bistecche di salmone allo sciroppo d'acero

Ingredienti:
- ¼ di tazza di sciroppo d'acero puro
- ¼ tazza di mirin o vino bianco
- ¼ di tazza di salsa di soia a basso contenuto di sodio
- 2 cucchiai di olio d'oliva
- Succo di ½ limone
- scorza di 1 limone (circa 1 cucchiaio)
- 2 cucchiai di pepe nero macinato
- 2 chili di salmone, tagliato in bistecche spesse ¾ di pollice

Indicazioni:

a) Mescolare lo sciroppo d'acero, il mirin, la salsa di soia, l'olio, il succo di limone e il pepe in grani in un contenitore non corrosivo. Mettere le bistecche nella marinata e conservare in frigorifero per 30 minuti.

b) Preriscaldare una griglia.

c) Togliere i tranci di salmone dalla marinata, scolarli, asciugarli e conservare la marinata. Disporre le bistecche direttamente sul fuoco e cuocere per 4 minuti; girare e cuocere altri 4 minuti in più o fino a quando le bistecche saranno leggermente morbide al tatto. Grigliare meno tempo per la cottura al sangue, più tempo per quella ben cotta.

d) Nel frattempo, dopo aver girato le bistecche, scaldare la marinata in un pentolino a fuoco medio-alto fino al bollore, quindi cuocere a fuoco lento per 5 minuti. Spegnere immediatamente il fuoco.

e) Mestolo di salsa sulle bistecche di salmone.

52. Zuppa di salmone e mais

Ingredienti:

- Filetto di salmone da 1 libbra
- 2 spighe di mais fresco
- 2 cucchiai di olio d'oliva
- 1 cipolla media tritata finemente
- 1 patata dorata Yukon media, tagliata a dadini
- 2 tazze di latte intero
- 1 tazza di crema leggera
- 4 cucchiai di burro non salato
- ½ cucchiaino di salsa Worcestershire
- ¼ di tazza di dragoncello tritato finemente
- 1 cucchiaino di paprica
- Sale e pepe nero appena macinato
- Cracker di ostriche

Indicazioni:
a) Preriscaldare una griglia.
b) Disporre il salmone e le pannocchie sulla griglia oliata. Cuocere 6 minuti; quindi girare e cuocere 4-5 minuti in più. Accantonare.
c) Con un coltello affilato staccate le pannocchie e tagliate il salmone a pezzetti. Accantonare.
d) Scaldare 1 cucchiaio di olio in una casseruola da 4 litri a fuoco medio-alto. Aggiungere la cipolla e la patata. Cuocere, coperto, per circa 10 minuti o fino a quando le cipolle saranno morbide. Aggiungere il latte, la panna, il burro e la salsa Worcestershire. Cuocere a fuoco lento per circa 10 minuti, o fino a quando le patate saranno morbide
e) Aggiungere il mais, il salmone, il dragoncello, la paprika, il sale e il pepe e cuocere a fuoco lento per 5 minuti.
f) Trasferire nelle ciotole e servire immediatamente con i cracker di ostriche.

53. Salmone stagionato all'aneto

Serve 6

Ingredienti:
- 2 filetti di salmone da 750 g (1 libbra e 10 once).
- 1 mazzetto grande di aneto, tritato grossolanamente
- 100 g (4 once) di sale marino grosso
- 75 g di zucchero semolato
- 2 cucchiai di pepe bianco tritato

Salsa al rafano e senape
- 2 cucchiaini di rafano grattugiato finemente (fresco o da un barattolo)
- 2 cucchiaini di cipolla grattugiata finemente
- 1 cucchiaino di senape di Digione
- 1 cucchiaino di zucchero semolato
- 2 cucchiai di aceto di vino bianco
- bella presa di sale
- 175 ml (6 fl oz.) di doppia panna

Indicazioni:

a) Adagiare uno dei filetti di salmone, con la pelle rivolta verso il basso, su un grande foglio di pellicola trasparente. Mescolare l'aneto con il sale, lo zucchero e il pepe in grani tritati e distribuirlo sulla faccia tagliata del salmone. Disporre sopra l'altro filetto, con la pelle rivolta verso l'alto.

b) Avvolgi strettamente il pesce in due o tre strati di pellicola trasparente e posizionalo su un vassoio largo e poco profondo. Appoggia un vassoio o un tagliere leggermente più piccolo sopra il pesce e appesantiscilo. Lasciare raffreddare per 2 giorni, girando il pesce ogni 12 ore in modo che il composto salato che si svilupperà all'interno del cartoccio irrorisca il pesce.

c) Per preparare la salsa al rafano e senape, mescolare tutti gli ingredienti tranne la panna. Montare la panna a neve morbida, incorporarla al composto di rafano, coprire e far raffreddare.

d) Per servire, togliete il pesce dal composto salato e affettatelo molto sottilmente, come se affumicaste il salmone. Disporre qualche fetta di gravlax su ogni piatto e servire con un po' di salsa.

54. Salmone fresco dell'Atlantico saltato

Resa: 1 porzione

Ingrediente
- 3 filetti di salmone
- 1 cucchiaio di burro
- ¼ di cucchiaino di sale dello chef
- ½ tazza di farina condita
- 1 cucchiaio di pomodoro a cubetti
- 1 cucchiaio di cipolla verde a dadini
- 1 cucchiaio di funghi affettati
- 2 cucchiai di Vino bianco da cucina
- ½ Succo di limone piccolo
- 2 cucchiai di burro morbido

Indicazioni:

a) Tagliare il salmone a fettine sottili. Condire il salmone con il sale dello chef e infarinarlo.

b) Far rosolare velocemente nel burro su ciascun lato e togliere. Aggiungere i funghi a fette, il pomodoro, la cipolla verde, il succo di limone e il vino bianco.

c) Ridurre sul fuoco per circa 30 secondi. Mescolare il burro e servire la salsa sul salmone.

55. Salmone alla griglia con pancetta

Resa: 4 porzioni

Ingrediente

- 1 libbra di spugnole fresche
- 2 scalogni; Macinato
- 1 spicchio d'aglio; Macinato
- 10 cucchiai di burro; Tagliare a pezzi
- 1 tazza di Sherry secco o Madeira
- Filetti di salmone da 4 pezzi
- Olio d'oliva
- Sale e pepe macinato fresco
- 16 cipolle verdi
- 4 cucchiai di pancetta; Tagliato a cubetti e rifilato

Indicazioni:

a) Soffriggere lo scalogno e l'aglio in 2 cucchiai di burro a fuoco basso fino a renderli morbidi. Aggiungere le spugnole, alzare la fiamma e cuocere 1 minuto. Aggiungere lo sherry e ridurre della metà.

b) Sbattere il burro rimanente, lavorando a fuoco e fuori dal fuoco, fino a quando non sarà emulsionato.

c) Scaldare una griglia o una padella rigata. Spennellare i filetti di salmone con olio e condire con sale e pepe. Trasferire il salmone in una padella larga e cuocere in forno per 5-10 minuti.

d) Scaldare una padella pesante e di medie dimensioni a fuoco alto. Aggiungere qualche cucchiaio di olio d'oliva. Aggiungi cipolle verdi e pancetta. Cuocere brevemente, scuotendo la padella per evitare fritture. Aggiungere la miscela di spugnole e mescolare. Condire leggermente.

e) Disporre un filetto di salmone al centro di un piatto caldo. Versare il composto di spugnole sopra e attorno ai lati.

56. Brodo piccante di cocco con salmone

Ingrediente
- 1 150 g. pezzo di salmone a persona; (da 150 a 180)
- 1 tazza di riso al gelsomino
- ¼ tazza di baccelli di cardamomo verde
- 1 cucchiaino di chiodi di garofano
- 1 cucchiaino di pepe bianco in grani
- 2 bastoncini di cannella
- Anice 4 stelle
- 2 cucchiai di Olio
- 3 cipolle; tritato
- ½ cucchiaino di curcuma
- 1 litro di latte di cocco
- 500 ml Crema di cocco
- 6 grandi pomodori maturi
- 1 cucchiaio di zucchero di canna
- 20 ml Salsa di pesce
- Sale a piacere
- 2 cucchiai di garam masala

Indicazioni:

a) Garam Masala: tostare a secco le spezie separatamente in una padella. Unisci tutte le spezie in un macinacaffè o in un mortaio, un pestello e macina.

b) Brodo piccante di cocco: scaldare l'olio in una padella capiente e cuocere le cipolle fino a renderle trasparenti. Aggiungere la curcuma e lo zenzero e cuocere a fuoco basso per circa 20 minuti, quindi aggiungere gli altri ingredienti. Portare ad ebollizione.

c) Mentre il brodo cuoce, cuocere il salmone e il riso jasmine. Il salmone può essere bollito in brodo di pesce, grigliato o fritto in padella.

57. Chinook del fiume Columbia

Ingredienti:
- 1 tazza di ciliegie fresche, lavate e snocciolate
- ½ tazza di brodo di pesce o di pollo
- ¼ tazza di timo fresco, senza gambo
- 2 cucchiai di brandy
- 1 cucchiaino di succo di limone fresco
- 2 cucchiai di zucchero di canna
- 1 cucchiaino e mezzo di aceto balsamico
- Filetti di salmone da 1½-2 libbre
- spicchi di limone

Indicazioni:
a) Preriscaldare una griglia.
b) Frullare le ciliegie tre o quattro volte nella ciotola di un robot da cucina, fino a quando non saranno tritate grossolanamente.
c) Fai bollire il brodo, il timo, il brandy e il succo di limone in una casseruola a fuoco medio per 10-12 minuti o finché non si saranno ridotti della metà.
d) Aggiungere lo zucchero di canna e l'aceto, mescolare e cuocere a fuoco lento per 2 o 3 minuti, fino a completo riscaldamento. Togliere dal fuoco ma tenere al caldo.
e) Disporre i filetti di salmone sulla griglia oliata e cuocere da 4 a 5 minuti; girare e cuocere per 4-5 minuti in più, fino a quando i filetti saranno leggermente morbidi al tatto.
f) Dividere in quattro porzioni. Mestola la salsa calda al centro di quattro piatti, creando delle pozze. Adagiare il salmone direttamente sopra la salsa.

58. Salmone e verdure al forno

Porzioni: 4 porzioni

Ingredienti:
- 4 filetti di salmone
- 2 pomodori grandi, tagliati in quarti
- 2 cipolle grandi, preferibilmente di varietà rossa, tagliate in quarti
- 1 grande bulbo d'aglio, tagliato a metà
- 2 peperoni grandi, varietà rossa e verde, tagliati a strisce
- 1 tazza di zucchine, tagliate a fette spesse mezzo pollice
- 1 tazza di cimette di broccoli
- 3 cucchiai di olio extra vergine di oliva
- 1 cucchiaio di burro non salato
- 1 cucchiaino di aneto essiccato
- Sale e pepe a piacere
- Foglie di basilico fresco, tritate finemente

Indicazioni:
a) Preriscalda il forno a 375F mentre prepari le verdure tritate.

b) Mettete tutte le verdure in una teglia ampia e aggiungete un filo d'olio d'oliva. Condire con sale e pepe e assicurarsi che le verdure tritate siano uniformemente ricoperte di olio d'oliva. Distribuire le verdure sui lati della teglia.

c) Disporre al centro i filetti di salmone condito. Versare sopra il burro ammorbidito.

d) Cuocere per 18-20 minuti o fino a quando il salmone si sfalda facilmente e le verdure diventano morbide.

e) Aggiungere il basilico fresco tritato prima di servire.

59. Salmone Glassato Alla Soia E Miele

Porzioni: 6 porzioni

Ingredienti:
- 6 filetti di salmone fresco, spessi 1 pollice
- 4 cucchiai di olio di sesamo tostato
- 3 peperoni grandi, privati dei semi e tagliati a strisce sottili
- 2 cipolle rosse di media grandezza, tagliate in quarti
- 4 cucchiai di salsa di soia leggera
- 1 cucchiaio di zenzero, sbucciato e grattugiato
- 3 cucchiai di miele puro
- Sale e pepe a piacere
- Cipolline per guarnire

Indicazioni:
a) Disporre il salmone in una teglia larga, lasciando con attenzione uno spazio di 1 pollice tra i filetti. Aggiungi nella padella i peperoni tagliati a fette – verdi, rossi e gialli per un effetto più gustoso – e le cipolle. Cospargere metà dell'olio di sesamo sul pesce. Cospargere di sale e pepe a piacere.
b) In una ciotola media, aggiungere la salsa di soia, il miele, lo zenzero grattugiato, il pepe appena macinato e il resto dell'olio di sesamo.
c) Mescolare accuratamente la salsa.
d) Versare la salsa sul pesce. Cuocere il salmone a 420F per 25 minuti.
e) Servire immediatamente e guarnire con cipolline. È meglio consumarlo con riso bianco appena cotto a vapore.

60. Zuppa piccante di salmone e noodles

Porzioni: 4 porzioni

Ingredienti:
- 4 filetti di salmone, spessi 1 pollice
- 2 tazze di latte di cocco
- 3 tazze di brodo vegetale, fatto in casa o istantaneo
- 200 grammi di noodles in stile asiatico o di riso
- 5 cucchiai di aglio tritato
- 2 grandi cipolle bianche, affettate finemente
- 2 peperoncini rossi grandi, tritati finemente e senza semi
- 1 manopola di zenzero fresco da 1 pollice, affettata sottilmente
- 3 cucchiai di pasta di curry rosso
- 1 cucchiaio di olio vegetale
- $\frac{1}{2}$ tazza di cipollotto, tritato finemente
- Una manciata di coriandolo, tritato finemente
- Sale e pepe a piacere

Indicazioni:
a) In una pentola capiente, scaldare l'olio vegetale a fuoco medio-basso. Aggiungere l'aglio tritato, le cipolle bianche, i peperoncini, lo zenzero e la pasta di curry rosso per qualche minuto fino a quando l'intero composto diventa fragrante.

b) Versare il latte di cocco e il brodo vegetale nel composto saltato. Portare il brodo a fuoco lento per 5-8 minuti.

c) Aggiungi il salmone e le tagliatelle nella pentola e cuoci per 5-8 minuti. Controlla il tempo di cottura delle tagliatelle in base alle indicazioni sulla confezione e regolati di conseguenza. Assicurati che il salmone non sia troppo cotto.

d) Aggiungere il cipollotto e le foglie di coriandolo nella pentola e spegnere il fuoco. Condire con sale e pepe.

e) Trasferire immediatamente nelle ciotole individuali e guarnire con altro coriandolo e/o cipollotto.

61. Salmone in camicia con salsa alle erbe verdi

Porzioni: 4 porzioni

Ingredienti:
- 3 tazze d'acqua
- 4 bustine di tè verde
- 2 filetti di salmone grandi (circa 350 grammi ciascuno)
- 4 cucchiai di olio extra vergine di oliva
- 3 cucchiai di succo di limone, appena spremuto
- 2 cucchiai di prezzemolo, appena tritato
- 2 cucchiai di basilico, appena tritato
- 2 cucchiai di origano, appena tritato
- 2 cucchiai di erba cipollina asiatica, appena tritata
- 2 cucchiaini di foglie di timo
- 2 cucchiaini di aglio, tritato

Indicazioni:
a) Portare a ebollizione l'acqua in una pentola capiente. Aggiungere le bustine di tè verde, quindi togliere dal fuoco.
b) Lasciare le bustine di tè in infusione per 3 minuti. Pescare le bustine di tè dalla pentola e portare a ebollizione l'acqua infusa nel tè. Aggiungete il salmone e abbassate la fiamma.
c) Lessare i filetti di salmone finché non diventano opachi nella parte centrale. Cuocere il salmone per 5-8 minuti o fino a cottura completa.
d) Togliere il salmone dalla pentola e metterlo da parte.
e) In un frullatore o robot da cucina, versare tutte le erbe aromatiche appena tritate, l'olio d'oliva e il succo di limone. Frullare bene finché il composto non si trasforma in una pasta liscia. Condire la pasta con sale e pepe. Puoi modificare i condimenti quando necessario.
f) Servire il salmone in camicia su un piatto grande e guarnire con la pasta di erbe fresche.

62. Salmone glassato alla senape al miele

Porzioni: 4 porzioni

Ingredienti:
- 4 filetti di salmone, spessi 1 pollice
- 5 cucchiai di senape di Digione
- 5 cucchiai di miele puro
- 2 cucchiai di salsa di soia leggera
- 2 cucchiai di burro, varietà non salata
- 2 cucchiai di aglio tritato
- Sale e pepe a piacere
- Olio di canola
- Foglie di timo appena tritate

Indicazioni:
a) Condire i filetti di salmone con sale e pepe. Spennellare o spruzzare la teglia con olio di canola, quindi posizionare il salmone con la pelle rivolta verso il basso.

b) In una ciotola media, sbatti insieme la senape di Digione, il miele puro e la salsa di soia. Unire l'aglio tritato e mescolare bene.

c) Distribuire generosamente il composto su entrambi i lati dei filetti di salmone utilizzando un pennello da cucina.

d) Cospargere il salmone con foglie di timo.

e) Cuocere il salmone a 450F per 20 minuti. Se necessario, versare la restante miscela di senape e miele. Cuocere il salmone fino alla cottura desiderata.

f) Trasferitela subito su un piatto da portata e aggiungete sopra qualche fogliolina di timo.

63. Salmone al rafano

Porzioni: 4 porzioni

Ingredienti:
Filetto di salmone
- 8 filetti di salmone, spessi 1 pollice
- 3 cucchiai di salsa al rafano
- 3 cucchiai di salsa di soia leggera
- 3 cucchiai di olio d'oliva, varietà extravergine
- 2 cucchiai di aglio tritato
- Sale e pepe a piacere

Salsa di rafano
- 1 cucchiaio di salsa di soia leggera
- 2 cucchiai di succo di limone, appena spremuto
- 3 cucchiai di salsa al rafano
- 1 tazza di panna acida
- 2 cucchiai di maionese, varietà a ridotto contenuto di grassi

Indicazioni:
a) In una ciotola media, versare tutti gli ingredienti e mescolare bene. Coprite con pellicola trasparente e lasciate riposare in frigorifero per almeno un'ora.

b) In una ciotola separata, sbatti la salsa di rafano, l'olio d'oliva, la salsa di soia e l'aglio. Condire con sale e pepe e aggiustare i condimenti, se necessario.

c) Disporre i filetti di salmone in una teglia ampia o su una griglia. Ungere la padella o la griglia. Spennellate il composto preparato su entrambi i lati dei filetti di salmone.

d) Cuocere il salmone per almeno 20 minuti. Se usate la griglia, lasciate cuocere il salmone per 5 minuti per lato.

e) Servire subito i filetti di pesce con riso bianco. Per un'opzione più salutare, puoi servire il riso integrale insieme al salmone. Servire con salsa di rafano fredda a parte.

64. Insalata tiepida di salmone e patate

Porzioni: 3-4 porzioni

Tempo totale di preparazione: 30 minuti

Ingredienti:
- 3 filetti di salmone, spessi 1 pollice e senza pelle
- 4 patate grandi, tagliate a pezzetti
- Una manciata di foglie di rucola e spinaci
- $\frac{3}{4}$ tazza di panna acida
- 2 cucchiai di succo di limone
- 2 cucchiai di miele puro
- 2 cucchiaini di senape di Digione
- 1 cucchiaino di aglio, tritato
- Sale e pepe a piacere
- Foglie di coriandolo per guarnire

Indicazioni:
a) Condire leggermente il salmone con sale e pepe. Avvolgere nella pellicola e posizionare in una teglia. Cuocere per 15-20 minuti a 420F o fino a cottura completa.
b) In una pentola di medie dimensioni, far bollire le patate tritate fino a renderle morbide. Scolare immediatamente e mettere da parte.
c) In una grande insalatiera, unire la panna acida, il succo di limone, il miele, la senape e l'aglio. Mescolare accuratamente tutti gli ingredienti. Aggiungere sale e pepe a piacere.
d) Strappare con le mani le foglie di insalata e gettarle nella ciotola. Aggiungere le patate cotte.
e) Tagliate il salmone cotto in bocconcini e metteteli nell'insalatiera. Mescolare bene gli ingredienti.
f) Cospargere un po' di coriandolo fresco tritato prima di servire.

65. Salmone in una pentola con riso e piselli spezzati

Porzioni: 4 porzioni

Ingredienti:
- 1 tazza di riso bianco, varietà a chicco lungo
- 2 tazze d'acqua
- Salmone da 1 libbra, pelle rimossa e tagliato in 4 pezzi
- ½ tazza di piselli dolci
- 6 cucchiai di salsa di soia leggera
- 2 cucchiai di aceto di riso
- 1 manopola di zenzero fresco da 1 pollice, grattugiato
- 1 cucchiaio di zucchero di canna
- Sale e pepe a piacere
- ½ tazza di cipolline appena tritate

Indicazioni:
a) Lavare il riso seguendo le istruzioni sulla confezione. In una padella di medie dimensioni, unire il riso e l'acqua e mettere il coperchio. Portare la miscela a ebollizione a fuoco medio-basso per 10 minuti.

b) Condire il salmone con sale e pepe. Quindi aggiungetelo subito sopra il riso.

c) Cuocere il salmone finché il riso non avrà assorbito tutta l'acqua.

d) Aggiungi i piselli dolci e copri la padella per altri 5 minuti. Controlla se i piselli sono già teneri e il salmone ha raggiunto la cottura desiderata.

e) In una piccola ciotola, mescolare la salsa di soia, l'aceto, i cipollotti, lo zenzero e lo zucchero. Aggiustare i condimenti quando necessario.

f) Trasferire il salmone, il riso e i piselli in un piatto da portata e servire il tutto con la salsa. Cospargere alcune cipolline appena tritate sul salmone e sul riso.

66. Salmone alla griglia all'aglio con pomodori e cipolle

Porzioni: 6 porzioni

Ingredienti:
- 6 filetti di salmone, senza pelle
- 4 pomodori grandi, tagliati a metà
- 3 cipolle rosse di media grandezza, tagliate in quarti
- 2 cucchiai di olio extra vergine di oliva
- 1 cucchiaino di paprika in polvere
- 1 grosso bulbo d'aglio, tritato
- 10 sorgenti di timo fresco
- 1 cucchiaio di burro non salato
- Sale e pepe a piacere

Indicazioni:
a) Strofina il burro non salato in una grande teglia e assicurati che il piatto sia uniformemente rivestito.
b) Disporre nella teglia i filetti di salmone, i pomodori e le cipolle.
c) Condire con olio extra vergine di oliva e aggiungere un pizzico di sale e pepe. Cospargere un po' di paprika in polvere su entrambi i lati del salmone.
d) Aggiungere l'aglio tritato e il timo fresco al salmone.
e) Cuocere il salmone per 10-12 minuti a 420F. Per verificare se il salmone è cotto, bucherellatelo con una forchetta e vedete se le scaglie si rompono facilmente.
f) Trasferite subito il salmone e le verdure su un piatto da portata. Aggiungi alcune foglie di timo per una maggiore freschezza.

67. Salmone al forno con salsa di fagioli neri

Porzioni: 4 porzioni

Ingredienti:
- 4 filetti di salmone, privati della pelle e delle lische
- 3 cucchiai di salsa di fagioli neri o salsa all'aglio di fagioli neri
- $\frac{1}{2}$ tazza di brodo di pollo (o brodo vegetale come sostituto più sano)
- 3 cucchiai di aglio tritato
- 1 manopola di zenzero fresco da 1 pollice, grattugiato
- 2 cucchiai di sherry o sakè (o qualsiasi vino da cucina)
- 1 cucchiaio di succo di limone, appena spremuto
- 1 cucchiaio di salsa di pesce
- 2 cucchiai di zucchero di canna
- $\frac{1}{2}$ cucchiaino di scaglie di peperoncino rosso
- Foglie di coriandolo fresche, tritate finemente
- Cipollotto come guarnizione

Indicazioni:
a) Ungere una teglia ampia oppure foderarla con carta da forno. Preriscaldare il forno a 350F.
b) Unisci il brodo di pollo e la salsa di fagioli neri in una ciotola media. Aggiungere l'aglio tritato, lo zenzero grattugiato, lo sherry, il succo di limone, la salsa di pesce, lo zucchero di canna e i fiocchi di peperoncino. Mescolare accuratamente finché lo zucchero di canna non sarà completamente sciolto.
c) Versare la salsa di fagioli neri sui filetti di salmone e lasciare che il salmone assorba completamente la miscela di fagioli neri per almeno 15 minuti.
d) Trasferisci il salmone nella teglia. Cuocere per 15-20 minuti. Assicuratevi che il salmone non diventi troppo secco nel forno.
e) Servire con coriandolo tritato e cipollotto.

68. Tortini di pesce al salmone con riso alle verdure

Porzioni: 4 porzioni

Tempo totale di preparazione: 30 minuti

Ingredienti:

torta al salmone
- 2 lattine di salmone rosa, sgocciolate
- 1 uovo grande
- ½ tazza di pangrattato panko
- ½ cucchiaio di amido di mais
- 2 cucchiai di capperi, scolati
- 3 cucchiai di cipolline o prezzemolo tritati
- Sale e pepe a piacere
- Olio vegetale per friggere

Riso Vegetale
- 1 tazza di riso integrale, crudo
- ½ tazza di piselli
- ¼ tazza di carote tritate
- ¼ tazza di mais dolce
- 3 cucchiai di cipolline
- 2 cucchiai di succo di limone, appena spremuto

Indicazioni:
a) Unisci tutti gli ingredienti per le torte al salmone in un frullatore o in un robot da cucina. Frullare bene fino a formare una pasta grossa.
b) Lasciare raffreddare il composto in frigorifero per 20 minuti.
c) Quando il composto sarà leggermente sodo, mettete 1 cucchiaio tra le mani e modellatelo in una polpetta. Ripetere questo procedimento finché tutte le polpette di salmone non saranno modellate e formate.

d) In una padella capiente, scaldare un po' di olio vegetale e friggere le polpette di salmone fino a renderle croccanti e dorate.

e) Mentre il composto di tortino è nel frigorifero, cuocere il riso integrale secondo le indicazioni sulla confezione. Aggiungere i piselli, le carote e il mais nel cuociriso quando tutta l'acqua sarà stata assorbita. Mescolare il riso con le verdure e lasciare cuocere le verdure con il vapore rimanente. Aggiungere il succo di limone appena spremuto.

f) Cospargere alcune cipolle verdi appena tritate sul riso vegetale prima di servire. Servire con croccanti tortini al salmone come contorno.

69. Salmone allo zenzero e soia

Porzioni: 4 porzioni

Ingredienti:
- 4 filetti di salmone, privati della pelle e delle lische
- 4 cucchiai di zenzero fresco, grattugiato
- 2 cucchiai di aglio tritato
- 1 cucchiaio di zucchero di canna
- 2 cucchiai di miele puro
- 1 cucchiaino di senape di Digione
- ½ tazza di succo d'arancia fresco
- 3 cucchiai di salsa di soia leggera
- Scorza d'arancia grattugiata finemente
- Sale e pepe a piacere
- 1 cucchiaio di olio extra vergine di oliva

Indicazioni:
a) In una ciotola di dimensioni medio-grandi, sbatti il succo d'arancia, il miele, la salsa di soia, la scorza d'arancia, la senape, lo zucchero, l'aglio e lo zenzero finché non saranno ben amalgamati. Unire la scorza d'arancia appena grattugiata. Versare metà di questo composto sul salmone.
b) Preriscaldare il forno a 350F. Condire il salmone con pepe e sale appena macinati, quindi spennellare uniformemente con olio d'oliva.
c) Disporre il salmone nella teglia e cuocere per 15-20 minuti.
d) In un pentolino di dimensioni medio-piccole versate l'altra metà del composto e portate a ebollizione. Quindi mescolare continuamente il composto per 5 minuti o finché la salsa non si sarà addensata.
e) Versare la salsa sul salmone. Guarnire con coriandolo o cipollotto fresco tritato.

70. Salmone con salsa di cocco e peperoncino

Porzioni: 6 porzioni

Ingredienti:
- 6 filetti di salmone
- 2 cucchiai di burro non salato
- 1 cucchiaio di olio extra vergine di oliva
- 4 spicchi d'aglio, tritati
- 4 cucchiai di cipolla bianca tritata
- 1 manopola di zenzero da 1 pollice, grattugiata
- 2 tazze di latte di cocco puro
- 2 cucchiai di peperoncini rossi, tritati grossolanamente
- 3 cucchiai di coriandolo tritato
- Sale e pepe a piacere

Indicazioni:
a) Condire i filetti di salmone con pepe e sale appena macinati.
b) A fuoco medio-basso, scaldare il burro e l'olio d'oliva, quindi aggiungere immediatamente l'aglio, la cipolla e lo zenzero in una padella larga. Mescolare continuamente e cuocere per 2 minuti o fino a quando questi condimenti diventano fragranti. Aggiungi i peperoncini per un tocco piccante.
c) Versare lentamente il latte di cocco e portare ad ebollizione. Lasciare cuocere a fuoco lento per 10 minuti o finché la salsa non si addensa.
d) In una padella a parte versare un filo d'olio d'oliva e adagiare i filetti di salmone. Cuocere ciascun lato per 5 minuti a fuoco basso. Fate attenzione a non bruciare i filetti, quindi trasferiteli subito su un piatto da portata.
e) Versare la salsa piccante al cocco sui filetti di salmone. Completare con coriandolo fresco tritato per un aspetto sbavante.

71. Salmone grigliato alla paprika con spinaci

Porzioni: 6 porzioni

Ingredienti:
- 6 filetti di salmone rosa, spessi 1 pollice
- ¼ di tazza di succo d'arancia, appena spremuto
- 3 cucchiaini di timo secco
- 3 cucchiai di olio extra vergine di oliva
- 3 cucchiaini di paprika dolce in polvere
- 1 cucchiaino di cannella in polvere
- 1 cucchiaio di zucchero di canna
- 3 tazze di foglie di spinaci
- Sale e pepe a piacere

Indicazioni:
a) Spennellare leggermente un po' di oliva su ciascun lato dei filetti di salmone, quindi condire con paprika in polvere, sale e pepe. Mettere da parte per 30 minuti a temperatura ambiente. Lasciare che il salmone assorba il rub di paprika.
b) In una piccola ciotola, mescolare il succo d'arancia, il timo secco, la cannella in polvere e lo zucchero di canna.
c) Preriscaldare il forno a 400F. Trasferisci il salmone in una teglia rivestita di alluminio. Versare la marinata sul salmone. Cuocere il salmone per 15-20 minuti.
d) In una padella capiente aggiungete un cucchiaino di olio extravergine di oliva e fate cuocere gli spinaci per qualche minuto circa o finché non saranno appassiti.
e) Servire il salmone al forno con gli spinaci a parte.

72. Teriyaki di salmone con verdure

Porzioni: 4 porzioni

Ingredienti:
- 4 filetti di salmone, privati della pelle e delle lische
- 1 patata dolce grande (o semplicemente patata), tagliata a pezzetti
- 1 carota grande, tagliata a pezzetti
- 1 cipolla bianca grande, tagliata a spicchi
- 3 peperoni grandi (verdi, rossi e gialli), tritati
- 2 tazze di cimette di broccoli (possono essere sostituite con asparagi)
- 2 cucchiai di olio extra vergine di oliva
- Sale e pepe a piacere
- Cipolline, tritate finemente

Salsa teriyaki
- 1 tazza d'acqua
- 3 cucchiai di salsa di soia
- 1 cucchiaio di aglio tritato
- 3 cucchiai di zucchero di canna
- 2 cucchiai di miele puro
- 2 cucchiai di amido di mais (sciolto in 3 cucchiai di acqua)
- $\frac{1}{2}$ cucchiaio di semi di sesamo tostati

Indicazioni:
a) In una piccola padella, sbatti la salsa di soia, lo zenzero, l'aglio, lo zucchero, il miele e l'acqua a fuoco basso. Mescolare continuamente finché il composto non bolle lentamente. Mescolare l'acqua di amido di mais e attendere che il composto si addensi. Aggiungere i semi di sesamo e mettere da parte.
b) Ungere una grande teglia con burro non salato o spray da cucina. Preriscaldare il forno a 400F.

c) In una ciotola capiente mettete tutte le verdure e conditele con l'olio d'oliva. Mescolare bene fino a quando le verdure saranno ben ricoperte di olio. Condire con pepe appena macinato e un po' di sale.

d) Trasferisci le verdure nella teglia. Distribuire le verdure ai lati e lasciare un po' di spazio al centro della teglia.

e) Disporre il salmone al centro della teglia. Versare 2/3 della salsa teriyaki sulle verdure e sul salmone.

f) Cuocere il salmone per 15-20 minuti.

g) Trasferisci il salmone al forno e le verdure arrostite su un bel piatto da portata. Versare la restante salsa teriyaki e guarnire con cipollotti tritati.

73. Salmone alla griglia con pesche fresche

Porzioni: 6 porzioni

Ingredienti:
- 6 filetti di salmone, spessi 1 pollice
- 1 lattina grande di pesche a fette, varietà sciroppata leggera
- 2 cucchiai di zucchero bianco
- 2 cucchiai di salsa di soia leggera
- 2 cucchiai di senape di Digione
- 2 cucchiai di burro non salato
- 1 manopola di zenzero fresco da 1 pollice, grattugiato
- 1 cucchiaio di olio d'oliva, varietà extravergine
- Sale e pepe a piacere
- Coriandolo fresco tritato

Indicazioni:

a) Scolare le pesche affettate e mettere da parte circa 2 cucchiai di sciroppo leggero. Tagliate le pesche a pezzetti.

b) Disporre i filetti di salmone in una teglia ampia.

c) In una casseruola media, aggiungere lo sciroppo di pesche messo da parte, lo zucchero bianco, la salsa di soia, la senape di Digione, il burro, l'olio d'oliva e lo zenzero. Continuate a mescolare a fuoco basso finché il composto non si sarà addensato un po'. Aggiungere sale e pepe a piacere.

d) Spegnere il fuoco e distribuire generosamente un po' del composto sui filetti di salmone utilizzando un pennello da imbastitura.

e) Aggiungere le pesche affettate nella casseruola e ricoprirle accuratamente con la glassa. Versare le pesche glassate sul salmone e distribuirle uniformemente.

f) Cuocere il salmone per circa 10-15 minuti a 420F. Tieni d'occhio il salmone in modo che il piatto non bruci.

g) Cospargere un po' di coriandolo fresco tritato prima di servire.

74. Salmone Con Pesto Cremoso

Porzioni: 4 porzioni

Ingredienti:
- 4 filetti di salmone, spessi 1 pollice
- ¼ tazza di latte intero
- ½ tazza di formaggio cremoso, varietà a ridotto contenuto di grassi/leggera
- 1/3 di tazza di pesto al basilico
- 2 cucchiai di olio extra vergine di oliva
- Sale e pepe a piacere
- Prezzemolo appena tritato

Indicazioni:
a) Condire il salmone con sale e pepe. Aggiungi un filo d'olio d'oliva in una padella e rosola il salmone per 5 minuti per lato o fino a cottura.
b) Trasferite i filetti di salmone su un piatto da portata.
c) In una casseruola media, scaldare un po' di olio d'oliva e aggiungere il pesto e cuocere per 2 minuti.
d) Aggiungete il latte e il formaggio cremoso e mescolate il tutto. Continuate a mescolare finché la crema di formaggio non si sarà completamente sciolta con il pesto.
e) Versare il pesto cremoso nel salmone. Guarnire con prezzemolo fresco tritato.

75. Insalata di salmone e avocado

Porzioni: 4 porzioni

Ingredienti:
- 4 filetti di salmone, senza pelle
- 3 avocado medi
- ½ tazza di cetriolo, affettato sottilmente
- Sale e pepe a piacere
- 300 grammi di foglie di insalata (lattuga, rucola e crescione)
- Una manciata di foglie di menta fresca tritata
- ½ cipolla rossa, affettata sottilmente
- 4 cucchiai di miele puro
- 3 cucchiai di olio extra vergine di oliva
- 3 cucchiai di succo di limone, appena spremuto

Indicazioni:
a) Condire leggermente il salmone con sale e pepe.
b) Cuocere o grigliare il salmone a 420F per 15-20 minuti o fino alla cottura desiderata. Metti da parte per un po'.
c) In una grande insalatiera, unire il succo di limone, il miele e l'olio d'oliva. Aggiustare di sale e pepe e aggiustare il gusto se necessario.
d) Tagliare gli avocado a pezzetti e metterli nell'insalatiera.
e) Aggiungere nella ciotola l'insalata, la cipolla rossa e le foglie di menta.
f) Tagliare i filetti di salmone a pezzetti. Gettateli nella ciotola. Mescolare bene tutti gli ingredienti.

76. Zuppa di verdure al salmone

Porzioni: 4 porzioni

Ingredienti:
- 2 filetti di salmone, privati della pelle e tagliati a pezzetti
- 1 tazza e ½ di cipolla bianca, tritata finemente
- 1 tazza e ½ di patate dolci, sbucciate e tagliate a dadini
- 1 tazza di cimette di broccoli, tagliate a pezzetti
- 3 tazze di brodo di pollo
- 2 tazze di latte intero
- 2 cucchiai di farina 00
- 1 cucchiaino di timo secco
- 3 cucchiai di burro non salato
- 1 foglia di alloro
- Sale e pepe a piacere
- Prezzemolo piatto, tritato finemente

Indicazioni:
a) Cuocere la cipolla tritata nel burro non salato finché non diventa traslucida. Unire la farina e mescolare bene con il burro e la cipolla. Versare il brodo di pollo e il latte, quindi aggiungere i cubetti di patate dolci, l'alloro e il timo.
b) Lasciate cuocere il composto per 5-10 minuti mescolando di tanto in tanto.
c) Aggiungete il salmone e le cimette di broccoli. Quindi cuocere per 5-8 minuti.
d) Aggiustare di sale e pepe e aggiustare il gusto quando necessario.
e) Trasferire in piccole ciotole individuali e guarnire con prezzemolo tritato.

77. Pasta cremosa al salmone affumicato

Porzioni: 2 porzioni

Ingredienti:
- 2 grandi filetti di salmone affumicato, tagliati a pezzetti
- $\frac{3}{4}$ tazza di parmigiano grattugiato
- $\frac{1}{2}$ tazza di crema multiuso
- 1 cipolla rossa grande, tritata finemente
- 3 cucchiai di burro non salato
- 2 cucchiai di aglio fresco, tritato
- 2 cucchiai di latte intero
- 1 cucchiaio di olio extra vergine di oliva
- 250 grammi di fettuccine o spaghetti
- Sale e pepe a piacere
- Prezzemolo fresco come guarnizione

Indicazioni:

a) A fuoco medio, porta a ebollizione una pentola d'acqua di dimensioni medio-grandi. Aggiungete poi le fettuccine (o gli spaghetti) e lasciate cuocere per 10-12 minuti o fino a quando saranno ancora sode una volta morsicate. Prenota $\frac{1}{2}$ tazza di acqua della pasta e mettila da parte.

b) In una padella capiente, sciogliere il burro e l'olio d'oliva. Aggiungere la cipolla e l'aglio e cuocere fino a quando la cipolla diventa traslucida.

c) Aggiungere la panna e il latte e portare a ebollizione lenta.

d) Incorporate il parmigiano e continuate a mescolare la salsa finché il formaggio non si sarà ben amalgamato alla salsa. Condire con pepe appena macinato.

e) Aggiungere lentamente l'acqua della pasta al sugo e portare a ebollizione lentamente. Spegnere il fuoco quando iniziano a formarsi le bollicine.

f) Scolate bene le tagliatelle e aggiungetele nella padella. Mescolare bene la pasta e la salsa, quindi aggiungere il salmone affumicato a scaglie.

g) Servire subito ben caldo e guarnire con prezzemolo fresco tritato e parmigiano grattugiato.

78. Salmone Annerito con Riso Di Verdure Miste

Porzioni: 4 porzioni

Ingredienti:
Salmone
- 4 filetti di salmone, privati della pelle
- 1 cucchiaino di paprika dolce
- 1 cucchiaino di origano secco
- 1 cucchiaino di timo secco
- 1 cucchiaino di cumino in polvere
- ½ cucchiaino di finocchio macinato
- 1 cucchiaio di olio extra vergine di oliva
- 1 cucchiaio di burro non salato

Riso
- 2 tazze di riso al gelsomino
- 3 tazze e ½ di acqua
- ½ tazza di mais dolce
- 1 cipolla bianca grande, tritata finemente
- 1 peperone verde grande, tritato finemente
- ½ tazza di foglie di coriandolo, tritate finemente
- ¼ tazza di cipollotto, tritato finemente
- ½ tazza di fagioli neri, ben scolati
- ½ cucchiaino di paprika spagnola affumicata
- 2 cucchiai di succo di lime, appena spremuto
- 1 cucchiaio di olio extra vergine di oliva

Indicazioni:
a) In una ciotola media poco profonda, unisci tutti i condimenti per il salmone. Condire leggermente con sale e pepe e aggiustare il gusto secondo le proprie preferenze. Ricopri ogni salmone con il mix di spezie. Metti da parte e lascia che il salmone assorba tutti i sapori.

b) Scaldare l'olio d'oliva in una pentola media a fuoco basso. Aggiungi cipolla, mais dolce e peperone; mescolare fino a quando la cipolla diventa traslucida. Aggiungere la paprika e mescolare per 2 minuti. Versare l'acqua e aggiungere il riso jasmine. Portare a ebollizione lenta e coprire la pentola. Cuocere per 15-20 minuti o finché il riso non avrà assorbito completamente tutta l'acqua. Mettere da parte per 5 minuti.

c) Aggiungere i fagioli neri, il coriandolo, il cipollotto e il succo di lime al riso cotto. Mescolare accuratamente.

d) Scaldare l'olio d'oliva e il burro in una padella a fuoco medio. Cuocere il salmone per 8-10 minuti per lato.

e) Disporre in un piatto da portata insieme al riso misto di verdure.

79. Salmone allo zenzero con salsa di melone

Porzioni: 4 porzioni

Ingredienti:
- 4 filetti di salmone, senza pelle
- 2 tazze di melone, tagliato a cubetti
- 2 cucchiai di succo di limone, appena spremuto
- $\frac{1}{4}$ di tazza di foglie di coriandolo, appena tritate
- 2 cucchiai di foglie di menta, tritate finemente
- 1 cucchiaino di scaglie di peperoncino rosso
- 3 cucchiai di zenzero fresco, grattugiato
- 2 cucchiaini di curry in polvere
- 2 cucchiai di olio extra vergine di oliva
- Sale e pepe bianco a piacere

Indicazioni:
a) Unisci il melone, il coriandolo, la menta, il succo di limone e i fiocchi di peperoncino in una ciotola media. Condire con sale e pepe e aggiustare i condimenti quando necessario.
b) Raffreddare la salsa in frigorifero per almeno 15 minuti.
c) In una ciotola separata, unisci lo zenzero grattugiato, il curry in polvere, sale e pepe. Distribuire questo composto su ciascun lato dei filetti di salmone.
d) Mettere da parte per 5 minuti per consentire al pesce di marinare.
e) Scaldare l'olio d'oliva a fuoco medio-basso. Cuocere il salmone per 5-8 minuti su ciascun lato o fino a quando il pesce diventa opaco al centro.
f) Servire il salmone con la salsa di melone fredda a parte.

80. Salmone in stile asiatico con noodles

Porzioni: 4 porzioni

Ingredienti:

Salmone
- 4 filetti di salmone, privati della pelle
- 2 cucchiai di olio di sesamo tostato
- 2 cucchiai di miele puro
- 3 cucchiai di salsa di soia leggera
- 2 cucchiai di aceto bianco
- 2 cucchiai di aglio tritato
- 2 cucchiai di zenzero fresco, grattugiato
- 1 cucchiaino di semi di sesamo tostati
- Cipollotto tritato per guarnire

Spaghetti di riso
- 1 confezione di spaghetti di riso asiatici

Salsa
- 2 cucchiai di salsa di pesce
- 3 cucchiai di succo di lime, appena spremuto
- Scaglie di peperoncino

Indicazioni:

a) Per la marinata di salmone, unire olio di sesamo, salsa di soia, aceto, miele, aglio tritato e semi di sesamo. Versare nel salmone e lasciare marinare il pesce per 10-15 minuti.

b) Disporre il salmone in una teglia leggermente unta con olio d'oliva. Cuocere per 10-15 minuti a 420F.

c) Mentre il salmone è nel forno, cuoci gli spaghetti di riso secondo le indicazioni sulla confezione. Scolatele bene e trasferitele nelle ciotole individuali.

d) Mescolare la salsa di pesce, il succo di lime e i fiocchi di peperoncino e versare negli spaghetti di riso.

e) Completare ogni ciotola di noodle con filetti di salmone appena sfornati. Decorare con cipollotti e semi di sesamo.

81. Riso al limone con salmone saltato in padella

Porzioni: 4 porzioni

Ingredienti:

Riso
- 2 tazze di riso
- 4 tazze di brodo di pollo
- ½ cucchiaino di pepe bianco
- ½ cucchiaino di aglio in polvere
- 1 cipolla bianca piccola, tritata finemente
- 1 cucchiaino di scorza di limone grattugiata finemente
- 2 cucchiai di succo di limone, appena spremuto

Salmone
- 4 filetti di salmone, lische rimosse
- Sale e pepe a piacere
- 2 cucchiai di olio extra vergine di oliva

Salsa all'aneto
- ½ tazza di yogurt greco, varietà a basso contenuto di grassi
- 1 cucchiaio di succo di limone, appena spremuto
- 1 cucchiaio di cipollotto, tritato finemente
- 2 cucchiai di foglie di aneto fresco, tritate finemente
- 1 cucchiaino di scorza di limone fresca

Indicazioni:
a) Mescolare tutti gli ingredienti per la salsa all'aneto in una piccola ciotola. Mettete in frigo per almeno 15 minuti.
b) In una pentola di medie dimensioni, portare a ebollizione il brodo di pollo. Aggiungere il riso, l'aglio, la cipolla e il pepe bianco e mescolare delicatamente.
c) Coprite la pentola e fate cuocere finché il riso non avrà assorbito tutto il brodo di pollo.

d) Appena il brodo sarà stato completamente assorbito, aggiungete la scorza e il succo del limone e mescolate bene per amalgamare. Rimettete il coperchio e fate cuocere il riso per altri 5 minuti.

e) In una padella larga, scaldare l'olio d'oliva a fuoco basso. Condire il salmone con sale e pepe prima di friggerlo. Cuocere il salmone per 5-8 minuti per lato o fino al grado di cottura desiderato.

f) Servire il salmone saltato in padella con riso e salsa.

82. Insalata di pasta con salmone dell'Alaska e avocado

Resa: 4 porzioni

Ingrediente
- 6 once Pasta secca
- 1 lattina di salmone dell'Alaska
- 2 cucchiai di salsa francese
- 1 mazzetto di cipolla verde; affettato finemente
- 1 peperone rosso
- 3 cucchiai di coriandolo o prezzemolo; tritato
- 2 cucchiai di maionese leggera
- 1 lime; spremuto e la buccia grattugiata
- 1 cucchiaio di concentrato di pomodoro
- 3 avocado maturi; tagliato a dadini
- $\frac{1}{2}$ tazza di panna acida
- Foglie di lattuga su cui servire
- Paprica a piacere

Indicazioni:
a) Cuocere la pasta secondo le indicazioni sulla confezione. Scolare e condire con il condimento francese. Lasciare raffreddare. Scolare e tritare il salmone. Aggiungere alla pasta con le cipolle verdi, il peperone affettato e il coriandolo.

b) Sbattere insieme il succo di lime e la scorza grattugiata, la maionese, la panna acida e il concentrato di pomodoro fino ad ottenere un composto ben amalgamato. Condire l'insalata di pasta con il condimento. Aggiustare di sale e pepe; coprire e raffreddare. Prima di servire, aggiungi delicatamente gli avocado nell'insalata.

c) Versare l'insalata su un letto di foglie di lattuga. Cospargere con paprika per guarnire.

83. Panino con insalata di salmone dell'Alaska

Resa: 6 panini

Ingrediente
- Salmone dell'Alaska in scatola da 15½ once
- ⅓ tazza di yogurt bianco senza grassi
- ⅓ tazza di cipolle verdi tritate
- ⅓ tazza di sedano tritato
- 1 cucchiaio di succo di limone
- Pepe nero; assaggiare
- 12 fette di Pane

Indicazioni:

a) Scolare e tritare il salmone. Incorporare gli altri ingredienti tranne il pepe e il pane. Condire con pepe a piacere.

b) Distribuire il composto di salmone su metà delle fette di pane; coprire con il pane rimanente. Tagliare i panini a metà o in quarti.

c) Fa 6 panini.

84. Insalata di salmone affumicato, cetrioli e pasta

Resa: 3 porzioni

Ingrediente
- 3 once di spaghetti sottili; cucinato
- ½ cetriolo; in quarti/a fette
- 3 grandi rametti di aneto fresco
- 1 tazza di lattuga a foglia; dimensioni di un morso strappate
- 1 o 2 cipolle verdi con alcune cime; affettato
- 3 once di salmone affumicato; scaglie (fino a 4)
- ¼ tazza di panna acida senza grassi o a basso contenuto di grassi
- 2 cucchiai di yogurt senza grassi; (pianura)
- 1 cucchiaio di succo di limone
- 1 pomodoro; a spicchi
- Rametti di prezzemolo fresco

Indicazioni:
a) Cuocere la pasta in acqua bollente salata. Nel frattempo, unisci il resto degli ingredienti dell'insalata in una ciotola media, tenendo da parte qualche scaglia di salmone da utilizzare come guarnitura. In una piccola ciotola, unisci gli ingredienti del condimento.

b) Mescolare la pasta raffreddata con il resto degli ingredienti dell'insalata. Aggiungi il condimento e mescola leggermente per mescolare. Guarnire con scaglie di salmone tenute da parte, pomodori e prezzemolo. Freddo.

c) Togliere dal frigorifero 10 minuti prima del servizio.

85. Salmone caramellato su insalata tiepida di patate

Resa: 4 porzioni

Ingrediente

- 2 cucchiai di olio d'oliva
- Mezzo chilo di salsiccia andouille macinata
- 2 tazze di cipolle julienne
- 1 sale; assaggiare
- 1 pepe nero macinato fresco; assaggiare
- 1 cucchiaio di aglio tritato
- 2 libbre di patate bianche; sbucciato, tagliato a cubetti,
- 1 e cuocere finché sono teneri
- $\frac{1}{4}$ di tazza di senape creola
- $\frac{1}{4}$ tazza di cipolle verdi tritate; solo parte verde
- 8 filetti di salmone
- 1 esplosione di bayou
- 2 tazze di zucchero semolato
- 2 cucchiai di foglie di prezzemolo fresco tritate finemente

Indicazioni:

a) In una padella larga, a fuoco medio, aggiungere un cucchiaio di olio.

b) Quando l'olio sarà caldo aggiungete la salsiccia. Rosolare la salsiccia per 2 minuti. Aggiungi le cipolle. Condire con sale e pepe. Soffriggere le cipolle per 4 minuti o finché saranno tenere. Mescolare l'aglio e le patate.

c) Condire con sale e pepe. Continuare a rosolare per 4 minuti. Mescolare la senape e le cipolle verdi. Togliere dal fuoco e mettere da parte. Condisci entrambi i lati del salmone con Bayou Blast.

d) Immergere il salmone nello zucchero, ricoprendolo completamente. Scaldare l'olio rimanente in due grandi padelle. Aggiungere il salmone e cuocere per circa 3 minuti su ciascun lato o finché il salmone non sarà caramellato.

e) Disporre l'insalata di patate tiepida al centro di ogni piatto. Adagiare il salmone sopra l'insalata. Guarnire con prezzemolo.

86. Insalata di salmone congelato

Resa: 6 porzioni

Ingrediente
- 2 cucchiai di gelatina non aromatizzata
- $\frac{1}{4}$ tazza di acqua fredda
- 1 tazza di acqua bollente
- 3 cucchiai di succo di limone appena spremuto
- 2 tazze di salmone in scaglie
- $\frac{3}{4}$ tazza di condimento per insalata o maionese
- 1 tazza di sedano a dadini
- $\frac{1}{4}$ tazza di peperone verde tritato
- 1 cucchiaino di cipolla tritata
- $\frac{1}{2}$ cucchiaino di sale
- 1 pizzico di pepe

Indicazioni:
a) Ammorbidire la gelatina in acqua fredda; aggiungere acqua bollente, quindi raffreddare bene. Aggiungi succo di limone, salmone, condimento per l'insalata o maionese e condimenti.
b) Versare nello stampo unto e far raffreddare finché non diventa solido. Resa: 6 porzioni.

87. Fantastica insalata per gli amanti del salmone

Resa: 4 porzioni

Ingrediente
- 1 libbra di salmone king o coho cotto; fatto a pezzi
- 1 tazza di sedano a fette
- ½ tazza di cavolo tritato grossolanamente
- 1¼ tazza di maionese o condimento per l'insalata; (a 1 1/2)
- ½ tazza di condimento dolce per sottaceti
- 1 cucchiaio di rafano preparato
- 1 cucchiaio di cipolla tritata finemente
- ¼ cucchiaino di sale
- 1 pizzico di pepe
- Foglie di lattuga; foglie di lattuga romana o indivia
- Ravanelli a fette
- Fette di aneto sottaceto
- Panini o cracker

Indicazioni:
a) Usando una grande ciotola, mescola delicatamente insieme il salmone, il sedano e il cavolo.
b) In un'altra ciotola, mescolare insieme la maionese o il condimento per l'insalata, il condimento di sottaceti, il rafano, la cipolla, il sale e il pepe. Aggiungilo al composto di salmone e mescola per ricoprire. Coprire l'insalata e lasciarla raffreddare fino al momento di servire (fino a 24 ore).
c) Fodera un'insalatiera con le verdure. Versare il composto di salmone. Completare con ravanelli e sottaceti all'aneto. Servire l'insalata con panini o cracker.
d) Per 4 porzioni di piatto principale.

88. Insalata di salmone all'aneto

Resa: 6 porzioni
Ingrediente
- 1 tazza di yogurt bianco senza grassi
- 2 cucchiai di aneto fresco tritato finemente
- 1 cucchiaio di aceto di vino rosso
- Sale e pepe macinato fresco
- 1 filetto di salmone da 2 libbre (spessore 1 pollice) pulito da pelle e tendini
- 1 cucchiaio di olio di canola
- $\frac{1}{2}$ cucchiaino di sale
- $\frac{1}{2}$ cucchiaino di pepe macinato fresco
- 1 cetriolo medio
- Lattuga a foglie ricce
- 4 Pomodori maturi; affettato finemente
- 2 cipolle rosse medie; sbucciate, affettate sottilmente e separate ad anelli
- 1 limone; dimezzate nel senso della lunghezza e affettate sottilmente

Indicazioni:

a) Prepara il condimento: mescola insieme yogurt, aneto, aceto, sale e pepe. Refrigerare. Prepara l'insalata: cospargi il salmone su entrambi i lati con olio, sale e pepe.

b) Scaldare la griglia fino a quando sarà molto calda. Disporre il salmone sulla griglia e cuocerlo, coperto, finché non diventa friabile, circa 3 minuti e mezzo per lato. Trasferire su un piatto da portata e lasciare riposare per almeno 5 minuti. Tagliare a fette da $\frac{1}{2}$ pollice.

c) Mettete il salmone in una ciotola e conditelo con il condimento. Coprire e conservare in frigorifero. Poco prima di servire sbucciare il cetriolo e tagliarlo a metà nel senso della lunghezza. Usando un cucchiaino, raschiare il centro per rimuovere i semi. Affettare sottilmente.

d) Metti il composto di salmone al centro di un grande piatto rivestito con foglie di lattuga. Circondare con cetrioli, pomodori, cipolle e fette di limone. Guarnire con ulteriore aneto se lo si desidera.

89. Salmone alle erbe croccanti e insalata orientale

Resa: 1 porzione

Ingrediente
- 160 grammi di filetto di salmone
- 5 grammi di polvere cinese delle cinque spezie
- 15 ml di salsa di soia
- 10 grammi di pomodoro; A dadini
- 2 cucchiaini di vinaigrette
- 20 ml di olio d'oliva
- 40 grammi di foglie di insalata mista
- 5 grammi di basilico fritto, coriandolo, prezzemolo
- 10 grammi Castagne d'acqua; Affettato
- 10 grammi di peperoni rossi e verdi pelati; Julienne
- Sale e Pepe Nero

Indicazioni:
a) Marinare il salmone in salsa di soia e cinque spezie. Friggere in padella con un filo d'olio e cuocere lentamente su entrambi i lati.

b) Condire le foglie di insalata. Impiattare le castagne d'acqua, ricoprirle con il salmone e disporre attorno le foglie di insalata con il pepe.

90. Insalata di salmone dell'isola

Resa: 1 porzione

Ingrediente
- 8 once di filetti di salmone o altri pesci sodi
- 1 cucchiaio di olio d'oliva
- 1 cucchiaio di succo di lime o limone
- 1 cucchiaino di condimento cajun o jerk giamaicano
- 6 tazze di verdure miste spezzettate
- 2 arance medie; pelato e sezionato
- 1 tazza di fragole; dimezzato
- 1 avocado medio; dimezzato, senza semi, sbucciato, affettato
- 1 mango medio; seminati, sbucciati, affettati
- $\frac{1}{4}$ tazza di noci di macadamia o mandorle tritate; tostato
- ciotola di tortilla
- Condimento al dragoncello e latticello
- Riccioli di scorza di lime

Indicazioni:
a) Spennellare il pesce con olio, cospargere con succo di lime o limone e condimento. Disporre in un cestello per griglia unto. Grigliare per 4-6 minuti per ogni $\frac{1}{2}$ pollice di spessore o finché il pesce non si sfalda facilmente, girandolo una volta. Strappare il pesce in bocconcini.
b) Unisci pesce, verdure, arance, fragole, avocado e noci in una grande ciotola: mescola delicatamente per mescolare. Versare nelle Tortilla Bowls e condire con il condimento.
c) Se lo si desidera, guarnire ogni porzione con un ricciolo di scorza di lime.

CONCLUSIONE

Fresco o congelato, tutti amiamo il salmone! Anche se dobbiamo ammettere che quello fresco è sempre il più gustoso. Ad essere onesti, però, non importa quale tipo usi per queste ricette. Inoltre, il salmone è super salutare perché è ricco di grassi buoni che fanno bene alle unghie, alla pelle e ai capelli; quindi non ci sono scuse per non cucinarlo.

www.ingramcontent.com/pod-product-compliance
Lightning Source LLC
La Vergne TN
LVHW021712060526
838200LV00050B/2623